ここが変わった！
「聖書協会共同訳」

新約編

浅野淳博　伊東寿泰　須藤伊知郎
辻　　学　中野　実　廣石　望

日本キリスト教団出版局

はじめに

２０１８年12月に刊行された『聖書　聖書協会共同訳』、もうご覧になったでしょうか。新共同訳聖書との違いを味わいながら読もうとしている方や、関心は大いにあるが、従来の翻訳とどう異なるのかをよく知ってから購入したいと考えている方も少なくないと思います。

この本は、そのような読者を念頭に置いて作りました。聖書協会共同訳が、これまで多くの教会で用いられてきた新共同訳や新改訳と比べて、どういう特徴を持っているのかを、新約聖書からの具体例と共に紹介し、従来の翻訳との違いを、私たち研究者の目から見て分析、評価していきます（この「新約編」に続いて「旧約編」も計画されています）。

聖書協会共同訳初版の帯につけられた「31年ぶり、0《ゼロ》から翻訳。」という宣伝文句は、１９８７年に刊行された新共同訳との違いを強調しています。また、新改訳は聖書協会共同訳に1年先立ち、２０１７年に第4版『新改訳２０１７』を出しました。この、新しい翻訳同士の比較も興味深いところです。本書をご覧いただくことで、聖書協会共同訳のどこが新しくなったのか、それはどういう意味を持っているのかということがわかる、そういう本を私たちは目指しました。各項目は、聖書協会共同訳の訳文を新共同訳および新改訳２０１７と比べながら、そこに見られる特徴を明らかにしています。

このような本があれば、聖書協会共同訳のことだけでなく、そもそも聖書を翻訳することの意義や難しさもよくわかってもらえるだろうと考えて、私たち「ＮＴＪ新約聖書注解」の監修者会６名は、日本キリスト教団出版局と相談し、分担して執筆を担当しました。私たちは、本書に先立ち、いくつかの箇所をまず取り上げて、月刊誌『信徒の友』に「新翻訳！『聖書　聖書協会共同訳』を読む」と題して連載しています（２０１９年４月～２０２０年３月）。そこで扱った項目も本書には含まれていますが、いずれも連載時より字数を増やして、さらにていねいに説明を加えています。また、単行本化にあたっては、新しい項目を多数加えて、全体の分量を２倍以上に増やしました。それでも、新約聖書全体から見れば、ここで取り扱った対象は限られていますが、さらに詳細かつ広範囲にわたる分析は、今後刊行されていくＮＴＪ新約聖書注解の各巻に委ねたいと思います。

『新約聖書解釈の手引き』（日本キリスト教団出版局、２０１６年）の時と同じく、今回も私たちは、それぞれが書いた原稿を交換して、互いに批評し合い、文字通りの共同作品に仕上げています。私たちの中には、聖書協会共同訳の翻訳作業に関わった者もいますが、それとは無関係に、新翻訳で良くなった点も、そうでない点も、フェアに評価をしたつもりです。したがって、時には批判的なコメントもしていますが、その根底には、長く大変な作業過程を経て新しい翻訳を生み出した方々への敬意があることもご理解いただければ幸いです。また、本書における私たちの判断が絶対だと言うつもりはありません。一つの指標ぐらいに捉えていただくと良いと思います。

すでに聖書協会共同訳や新改訳2017を購入された方々は、その聖書を傍らに置いて一つ一つの項目を読んでいただければ、新翻訳の特徴がよくわかると思います。個人で翻訳の比較をする時、また学校や教会などで新翻訳の導入を検討する際にも、本書はその手引きとして役立つことでしょう。教会の読書会や聖書研究会などで、テキストとして使っていただくこともできるのではないでしょうか。

新改訳2017、そして聖書協会共同訳という新しい翻訳が次々に加わったことで、私たちの聖書理解がさらに豊かなものとなるよう、そのためにこの本が大いに活用されることを期待しています。最後になりましたが、企画・編集の労を共に担ってくださった、日本キリスト教団出版局の秦一紀さんと土肥研一さん、また『信徒の友』連載時にお世話になった宮地冬子さんに心より御礼申し上げます。

共著者を代表して

辻　学

目次

目次

英訳聖書略号一覧

KJV King James Version（欽定訳聖書、1611年）
NASB New American Standard Bible（新アメリカ標準訳聖書、新約1963年）
NIV New International Version（新国際訳聖書、新約1973年）
NKJV New King James Version（新欽定訳聖書、1982年）
NRSV New Revised Standard Version（新改訂標準訳聖書、1989年）
REB Revised English Bible（改訂英語聖書、1989年）
RSV Revised Standard Version（改訂標準訳聖書、新約1946年）
RV Revised Version（改訂訳聖書、新約1881年）

装丁　松本七重

ここが変わった！「聖書協会共同訳」新約編

1 「イエス・キリストの系図」

マタイによる福音書1章1節

聖書協会共同訳　アブラハムの子、ダビデの子、イエス・キリストの系図。[a]　a 別訳「創成の書」

新共同訳　アブラハムの子ダビデの子、イエス・キリストの系図。

新改訳2017　アブラハムの子、ダビデの子、イエス・キリストの系図。

マタイによる福音書1章1節は「アブラハムの子、ダビデの子、イエス・キリストの系図」ですが（新共同訳と新改訳2017もほぼ同じ）、「系図」には注がつき、「創成の書」という訳も可能であることが欄外で示されています（ちなみに、この訳語は田川建三訳から急ぎ拝借したものと思われます。すぐ後の1章18節で「誕生」につけた注では、同じ語を「創生」と訳しており、両者の統一を図っていません）*。

原文は「ゲネシスの書」で、これは2節以下の「系図」を指すという理解が、他言語の聖書翻訳でも一般的です。しかし、日本語聖書で明治元訳以来用いられてきたこの訳語は、もはや専門家の間でほとんど支持されていません（「系図」とした場合には、「書」という語が浮いてしまうのも問題です）。ゲネシスは「起源、誕生、成り立ち、世代」といった意味の広い語です(「系図」と訳していないのは、前述の田川訳と岩波訳のみ。岩波訳は「誕生の記録」としていますが、「書物」を意味するビブロスを「記録」と訳すのはいささか苦しい感じです)。

この「ゲネシス」という語は、旧約のギリシア語訳(七十人訳)で創世記の標題になっており、そのことをマタイ福音書の著者は意識しているように見えます。そうであれば、これは「系図」ではなく、福音書全体の標題として理解した方が良さそうです。「創成の書」はその一案ですが、イエス・キリストの出来事が生じた歴史、その成り立ちを語る書物として読んでほしいという、著者マタイの「読書案内」をこの一語から読み取れる可能性があることを、この欄外注は教えてくれます。私自身は、この可能性の方が高いように思います。専門の議論を踏まえて訳すならば、本文と注の訳語を入れ替えても良かったはずですが、耳になじんだ訳語を新約聖書の冒頭から変えてしまうのは、さすがに冒険が過ぎたのでしょうか。とはいえ、これを注に入れてくれただけでも、大きな前進と考えられます。

(辻　学)

＊　1章18節の欄外注については、「㉛ 異とは何か」もご覧ください。

2 「東方の博士たち」

マタイによる福音書2章1節

聖書協会共同訳

イエスがヘロデ王の時代にユダヤのベツレヘムでお生まれになったとき、東方の博士[a]たちがエルサレムにやって来て、言った。

a 別訳「占星術の学者」

新共同訳

イエスは、ヘロデ王の時代にユダヤのベツレヘムでお生まれになった。そのとき、占星術の学者たちが東の方からエルサレムに来て、言った。

新改訳2017

イエスがヘロデ王の時代に、ユダヤのベツレヘムでお生まれになったとき、見よ、東の方から博士たちがエルサレムにやって来て、こう言った。

聖書協会共同訳と新改訳2017の「博士」はギリシア語マゴスの訳で、これはマジック「魔術」の語源となった言葉です。元来は古代ペルシアの祭司を務めたメディアの部族の名称で、紀元前4世紀終わり頃に始まるヘレニズム時代以降は、東方の魔術、夢占い、占星術、神学、哲学に通じた学者を指すようになりました。ダニエル書2章2~10節（七十人訳ギリシア語聖書）では、バビロンの王宮でネブカドネツァル王の諮問《しもん》に答える学者集団の職名の一つです。紀元後1世紀、ローマの宮廷でも占星術は「王座の裏の権力」であり、皇帝ティベリウスは自ら星を占ったことが伝えられています。星占いはヘブライ語聖書では神に背く忌むべき行為です（申命記4・19、イザヤ書47・13〜14、エレミヤ書10・2他）。しかし、ヘレニズムの影響を受けたユダヤ教はこれを必ずしも否定していません。使徒言行録13章6、8節にはユダヤ人のマゴス「魔術師」が登場しますし、アレクサンドリアのユダヤ教では護教的な関心から、ヘレニズム世界で流行していた占星術を発見したのはアブラハムであると主張することさえ行われました。

この言葉は、最初期の様々な日本語個人訳（J・ゴーブル、J・C・ヘボン／S・R・ブラウン、N・ブラウン）、そして明治元訳（1880年）から口語訳（1953年）までは、「博士」と訳されていました。これはブリッジマン／カルバートソン漢訳『新約全書』（1859年）の「博士」を参照したものと思われます。先行の漢訳では、バセ『四史攸編』（18世紀初頭）がラテン語ヴルガタのmagiを「瑪日（ma zhe）」と音訳し、それを参考にしたモリソン『新遺詔書』（1813年）が「嗎咥（欄外注：乃大學問輩一門）」としたり、ポアロ『古新聖經』（1800年頃）が「精天文的名賢」、マーシュマン『聖經』（1822年）が「哲人」と意訳したりしていました。

日本語訳では100年を超えて漢訳聖書由来の「博士」という訳が定着してきたのですが、『詳訳聖書』（1962年）の「博士たち（占星学者）」、『リビングバイブル』（1975年）の「星占いの学者たち」

あたりから変化が見られ、新共同訳（1987年）が「占星術の学者」としたのを皮切りに、岩波佐藤《さとう》研《みがく》訳（1995年）「占星学者たち」、本田哲郎《ほんだてつろう》訳（2001年）「占い師たち」など、様々な個人訳で星占い師を意味する訳が続きました。面白いところでは、『コテコテ大阪弁訳「聖書」』（2000年）の「星占いするおっちゃんら」、山浦玄嗣《やまうらはるつぐ》訳（2011年）の「星を読む占い師ども」といった敷衍《ふえん》訳もあります。マゴスたちは、この物語では東方で星を見てユダヤ人の王が生まれたと解釈しており、明らかに占星術を駆使していますから、意味の正確さという点では、一般的な「博士」よりも「占星学者」の方がマタイ福音書の文脈に沿った訳だと言えるでしょう。

今回の聖書協会共同訳（2018年）は本文は口語訳までの「博士」に戻し、新共同訳の「占星術の学者」を別訳として脚注に降ろしました。これは「礼拝での朗読にふさわしい格調高く美しい日本語」という翻訳方針に沿って、朗読した際の美しさを意味の正確さに優先させた結果と思われます。たしかに「博士」の方が簡潔で引き締まった訳ではあります。

マタイ福音書は、冒頭でこの異邦人のマゴスたちが東方から生まれたばかりのイエスを目指して求心的にエルサレムにやってくることと、巻末で弟子たちが復活のイエスによってガリラヤの山から遠心的にすべての民族に向けて派遣されてゆくことが、全体を囲い込む枠構造（inclusio）をなしています。このマタイによるイエスの誕生物語が紡ぎ出された頃の初期ユダヤ教では、ヘブライ語聖書の詩編や預言書に記されている、終わりの時に異邦人が貢物《みつぎもの》を携えてシオンの山（エルサレム）を目指して巡礼に集まってきて、主なる神にひれ伏す、という待望がありました(詩編72・10～11、96・7～9、イザヤ書2・2～4//ミカ書4・1～3、イザヤ書56・4～7、60・1～16他)。この異邦人のシオンの山への巡礼の待望を踏まえて、神の救いがすべての人に及ぶことを表現するために、マタイはヘブライ語聖書で忌み嫌われている星占いをあえて異邦人の代表として登場させているものと思われます。この物語の成立に、紀元66年、パルティアの王子ティリダテスが「占星学者たち」を含む大勢の随行員を従えてローマを訪れ、皇帝ネロにひれ伏してアルメニアの王冠を戴いた、という同時代の記憶が影響していると見る学者たちもいます。最初にこの物語を読んだマタイの教会の読者たちは、ネロが東方の占星学者たちの跪拝《きはい》を受けたことに対する対抗神話(真の王はネロのようなローマ皇帝ではなく、イエスである!)を読み取っただろうというのです。この福音書記者の意図を汲むなら、この箇所のマゴスは「占星術の学者」と訳す方がより正確と言えるでしょう。美しさと正確さ、あなたならどちらを優先させますか。

＊ 拙稿「異邦人のシオンの山への巡礼」、浅野淳博他『新約聖書解釈の手引き』日本キリスト教団出版局、2016年、264～267頁参照。

(須藤伊知郎)

3

「蝮《まむし》」ではダメなわけ

マタイによる福音書3章7節、ローマの信徒への手紙3章13節ほか

新約聖書は8回ほど蛇に言及しますが、その際に3つの異なるギリシア語が用いられています。もっとも一般的な総称としての「蛇」には「オフィス」というギリシア語が用いられています（マタイ7・10、23・33、ルカ10・19、11・11）、この場合は「魚の代わりに蛇を与えない」（マタイ7・11／ルカ11・11）——魚とは異なる生き物としての蛇——に代表されるように、イメージとしてはやや否定的であってもそれ自体に強い破壊的なニュアンスがあるわけではないようです。

より具体的に、毒を持つ蛇には「エヒドナ」というギリシア語が用いられます（マタイ3・7、23・33、使徒28・3）。パウロはこの種類の蛇に噛まれたので、周りの人は彼がその毒ですぐに死んでしまうと思いました（使徒28・3）。毒を持つ蛇には危険で破壊的なニュアンスがありますから、マタイ福音書ではファリサイ派やサドカイ派に対する厳しい批判の言葉として「エヒドナ（の子供）」という表現が用いられています。

パウロは「アスピス」というギリシア語を用いて1回のみ蛇に言及します（ローマ3・13）が、これは詩編140編4節の引用です。本来のヘブライ語（アクシューブ）はクサリヘビ科の中のサハラツノクサリヘビという種類の蛇を指し、訳語のギリシア語「アスピス」はクサリヘビ科の蛇全般を指す語として用いられます。クサリヘビ科の蛇は、全体が鎖のような網目模様であること、また一般に毒牙を持っていることが特徴だそうです。これにはコブラやマムシ（蝮）やハブ等の種類の蛇が属しています。パウロは人が言葉で他者を傷つける傾向を述べる際に「アスピスの毒が口にある」と表現しますが、そうするとこれは日本語の「毒づく」に近いのでしょうか。

これら3つの蛇を指すギリシア語（オフィス、エヒドナ、アスピス）のうち、新共同訳（明治元訳以来、大正訳、口語訳、新改訳2017で同様）では「オフィス」を「蛇／へび」と訳す一方で、「エヒドナ」と「アスピス」を「蝮／まむし」と訳してきましたが、聖書協会共同訳では「エヒドナ」の訳が「毒《どく》蛇《じゃ》」へ、「アスピス」の訳が「蛇」へと変更されています。ローマの信徒への手紙3章13節において毒を持つ蛇を指す「アスピス」が「毒蛇」でなくたんに「蛇」と変更されたのは、「毒蛇の毒」という表現によって「毒」が繰り返されてしまうことが避けられたのだと推測します。この変更によって、地中海のマルタ島に東北アジア原産の蝮が出現するという珍事（使徒28・3）が避けられました。

今回の変更は些細《ささい》なことのように見えて、じつは一つ非常に重要と思われる理由がその背景にあります。それは、「蝮」という特定の種類の蛇が本州、四国、九州一帯に棲息するクサリヘビ科の蛇であって、例えば沖縄県に自然には存在しない種類の蛇だということと関わっています。新共同訳における「アスピス」の訳語選択に〈日本語でクサリヘビ科の蛇と言えばそれは蝮だ〉という発想が前提としてあるならば、それは少数派の事情を看過する全体主義に私たちを知らないあいだに馴致《じゅんち》することを許しかねません。つまりキリスト者が「蝮」という訳語に疑問を持たないでそれをやり過ごし続けるなら、そこには〈日本は単一民族国家だ〉という全体主義的レトリックを繰り返しつつ少数民族を虐げる為政者に批判を向ける力を失う危険性があるように思われるのです。最下層の人々に寄り添い、かき消された声に耳を傾け続けたイエスに倣うキリスト者は、このような些細な雑音を聞きとってこれに適切な対処を施し、少数派の人たちが排除されない共同体を建てあげることを目指すべきだと思われます。

（浅野淳博）

4 「その血は、我々と我々の子らの上にかかってもいい」

マタイによる福音書27章25節

聖書協会共同訳　民はこぞって答えた。「その血は、我々と我々の子らの上にかかってもいい。」

新共同訳　民はこぞって答えた。「その血の責任は、我々と子孫にある。」

新改訳2017　すると、民はみな答えた。「その人の血は私たちや私たちの子どもらの上に。」

これはピラトの尋問の場面で、マタイによる福音書だけに記されているイスラエルの民の言葉です。イエスを十字架に付けよと叫ぶ民衆の前で、ローマ総督ピラトは自分に責任がないことを示すために、これ見よがしに自分の手を洗って見せます（マタイ27・24）。それはまるで、犯人不詳の遺体が野で発見された場合の申命記21章6〜8節の規定を真似しているかのようです。それに対して、民全体が「条件付きの潔白の誓い」を立てます。「その血は我々の上に」というのは、自分たちには「その血」、すなわち暴力的にその人を殺した責任はかからないはずであるが、万一自分たちの責任であったならば、それは「我々の上に」かかっても良い、という意味の表現です（ヨシュア記2・19、さらにサムエル記下1・16、エレミヤ書26・15、エゼキエル書33・4他参照）。つまり、ここでイスラエルの民がイエス殺害の責任に対して、自分たちは潔白であると誓い、もしそうでなかったならばその責任を取ると宣言しているのです。（なお、新共同訳が「……にある」、聖書協会共同訳が「……の上にかかってもいい」、新改訳2017が「……の上に」と訳している部分は、原典のギリシア語では前置詞のエピ「の上に」という言葉しかなく、述語となる動詞がありません。新共同訳、聖書協会共同訳はそれぞれ、「ある」「かかってもいい」と動詞を補い、新改訳2017はそのまま直訳しています。）

新共同訳のようにその責任は、我々と「子孫」にある、と訳すと、この責任は未来永劫、イスラエルの民に付いて回るという意味になってしまいます。聖書協会共同訳の「子ら」、新改訳2017の「子どもら」ならば、この責任は次の世代までで止まります。原典のギリシア語はテクノン「子」の複数形テクナで、直訳は「子ら」ですが、この複数形はたしかに文脈によっては「子孫」の意味にもなります（マタイ2・18、3・9参照）。しかし、この文脈ではそれはありそうにないことです。まず、福音書記者のマタイは終末が間近だと考えているので、これから何世代も先のことまで想定しているとは考えにくいです（マタイ10・23、16・28参照）。次に、これは「子孫」と解釈する学者たちも含めて大多数の意見ですが、この血の責任、その呪いは、紀元後70年のローマ軍によるエルサレム占領と神殿の破壊で現実のものとなった、とマタイは考えている可能性が高いです（マタイ22・7、23・35〜38参照）。そこで計算すると、このピラトの尋問が行われたのが紀元後30年頃ですから、エルサレムの破局は40年後となり、この場面にいた者たちとその次の「子ら」の世代の出来事ということになります。暴力的に人が殺されると、血の呪いが生じ、殺人者の周りにまるで充電が完了して一触即発のような力の場が発生し、それがある時とてつもない災いの出来事となって現実化する、そしてそれと共に、放電したかのように呪いの場は消えてなくなる、というのが古代のイスラエル社会で広まっていた考え方です。それからすると、紀元後70年の破局的な出来事でイエスを殺害した血の呪いは現実化し、消えたとマタイは考え、読者にそのように伝えようとしている可能性が高いです。その後もずっと呪いの場が残っている、というのはおかしなことになります。

しかし、キリスト教の歴史の中ではこのおかしな解釈が主流となってきました。イエスを拒否して十字架で殺した責任はユダヤ人に子々孫々受け継がれているとする考えが、ユダヤ人迫害の根拠とされて、このマタイ27章25節は「人の血の大海と、止むことない苦難と悲惨の流れの原因となった章句の一つ」（ユダヤ人の新約聖書研究者C・G・モンテフィオーレの言葉）と言われるようになってしまいました。初期の日本語訳とそれに付けられた注解にもそれは明らかです。J・ゴーブルやN・ブラウン、そしてラゲ訳は「こども」と訳しています（先行する漢訳ではディアス『聖經直解』、バセ『四史攸編』、モリソン『新遺詔書』、マーシュマン『新舊遺詔全書』が「子」）。しかし、ヘボンとS・R・ブラウンは「するゑ」、そして明治元訳、大正改訳も「子孫《すゑ》」と訳しています。これはブリッジマン／カルバートソンの漢訳『新約全書』が「其血我及ビ我儕《われら》之子孫ニ歸ス」（松山高吉《まつやまたかよし》訓点による書き下し）となっていた影響と思われ（ポワロ『古新聖經』も「子孫」）、カロザース／加藤九郎《かとうくろう》『畧解新約聖書』（1875年）は「其ノ言ノ如ク上帝怒ヲ降テ其ノ子孫ヲ罰シ耶路撒冷《エルサレム》ニ盡滅シ餘ハ列国ニ流散シ今ニ至テ禍ヤマス」と略解を付しています。その後、口語訳、新共同訳をはじめ、最近まで様々な個人訳もほとんどが「子孫」となっていました。塚本虎二《つかもととらじ》訳（1963年）「その男の血のことなら、われわれが孫子の代まで引き受けた。」がこのニュアンスで訳している典型と言えるでしょう（例外は、永井直治《ながいなおじ》訳「兒等」、新改訳〔初版～第3版〕「子どもたち」、新改訳2017「子どもら」だけです）。今回の聖書協会共同訳で、ようやくこの致命的な誤訳が正されたことになります。

（須藤伊知郎）

5 「規定の病」？

マルコによる福音書1章40節

聖書協会共同訳　さて、規定の病を患っている人が、イエスのところに来て、ひざまずいて願い、「お望みならば、私を清くすることがおできになります」と言った。

口語訳　ひとりのらい病人が、イエスのところに願いにきて、ひざまずいて言った、「みこころでしたら、きよめていただけるのですが」。

新共同訳　さて、重い皮膚病を患っている人が、イエスのところに来てひざまずいて願い、「御心ならば、わたしを清くすることがおできになります」と言った。

新改訳2017　さて、ツァラアトに冒された人がイエスのもとに来て、ひざまずいて懇願した。「お心一つで、私をきよくすることがおできになります。」

「規定《きてい》の病《やまい》」？　初めて聖書を読む人は何のことか、戸惑うのではないでしょうか。元の言葉は旧約聖書のヘブライ語でツァラアト、これをギリシア語に訳した七十人訳ではレプラで、新約聖書はこのレプラという表現を使っています。レプラは「らい病」＝ハンセン病を指すレプロシーの語源となりましたが、実は聖書のツァラアト／レプラが医学的にどのような疾患であったのかは不明です。レビ記13～14章の規定を見ると、これは明らかにハンセン病ではなく、様々な皮膚の疾患、衣類や家屋の状態を「汚《けが》れ」という祭儀的・宗教的な意味づけで包括する概念です。ツァラアト／レプラの患者は「汚《けが》れた者」と見なされ、接触によって「汚《けが》れ」が感染するとされたため、社会との交わりを絶たれ、隔離された生活を強いられました。その過酷で不条理な差別のあり方は、日本のハンセン病差別のあり方と酷似しています。

最初期の日本語個人訳では、J・ゴーブルやN・ブラウンが平仮名で「らいびやう」、J・C・ヘボン／S・R・ブラウンが漢字で「癩病」と訳していますが、これらは漢訳のモリソン『新遺詔書』やマーシュマン『新舊遺詔全書』の「癩病」、ブリッジマン／カルバートソン『新約全書』の「癩」に倣ったものと思われます（最初期の漢訳ディアス『聖經直解』、バセ『四史攸編』がすでに「癩」、ポワロ『古新聖經』は「痲瘋」となっています）。ヘボン、ブラウンが中心となって訳した明治元訳（1880年）はやはり「癩病」、そして口語訳（1954年）もこれを踏襲して「らい病」と訳しています。こうして聖書のツァラアト／レプラの誤った翻訳「癩」が、漢訳に倣って日本語訳にも定着することとなりました。この間、「浮浪らい患者」を隔離する法律「癩予防に関する件」（1907年）、そしてその隔離の対象をすべての患者に拡大した「癩予防法」（1931年）が制定され、さらに口語訳の『新約聖書 四福音書

―使徒行伝』が刊行された１９５３年には、すでに特効薬が開発されて治る病気になっていたにもかかわらず、患者の強制隔離を継続する「らい予防法」が制定されています。

新共同訳（１９８７年）は当初ツァラアトを「重い皮膚病」「かび」と訳し分け、レプラを「らい病」としましたが、ハンセン病回復者の人たちからの批判に応えて１９９６年、レプラを「重い皮膚病」と改めました。それは、重大な人権侵害をもたらしてきた「らい予防法」がようやく廃止された年でした。２００１年にはらい予防法違憲国家賠償訴訟で原告勝訴の熊本地裁判決が出たことを受け、口語訳も翌２００２年に同じく「重い皮膚病」に変更されました。しかしこの「重い皮膚病」という訳語も他の皮膚病患者の人たちから、差別を引き起こす恐れがあると批判が出ています。新改訳は第２版（１９７８年）まで「らい病」でしたが、第３版（２００３年）で旧約、新約いずれもヘブライ語の音をそのままカタカナにした訳「ツァラアト」に変更しています（２０１７年版も同じ）。これは誤りとは言えないものの、厳しい言い方をすれば、音を写しただけで、翻訳になっていないとも言えます。

今回の聖書協会共同訳の「規定の病」は、「ヘブライ語聖書に規定されている病」という意味です。この訳は特定の疾患との同定を避け、誰も傷ついたり不快に感じたりすることがない「政治的正しさ」を実現していることは確かです。しかし、聖書に規定のある病は他にも様々なものがあり、「規定の病」というだけでは最初に読んだ読者はどの病のことか分からず当惑させられてしまいますし、これは翻訳というより既に注釈になってしまっています。

聖書の古代世界では、人間は「聖」なる力の領域と「汚れ」の力の領域に挟まれた中間に立っていると考えられていました。そこで人は「汚れ」との接触を恐れてなるべくこれを避け、清い状態を保とうとしました。ところが驚いたことにイエスは、「汚れた者」と見なされているツァラアト／レプラの患者に触れて癒しました。彼はこのレッテルとして貼られた「汚れ」をまったく恐れていません。接触すると汚れが感染《うつ》るのではなく、逆に彼を通して聖なる力が広がっていくと考えていたふしがあります。死んだも同然と見られ、「汚れた者」として恐れられ、忌避され、隔離されていた者たちに、彼は同じ共同体に属す者として触れていったのです。

聖書の世界に過酷な差別があったという歴史を記憶に止めるために、そしてこの「汚れ」に対するイエスの驚くべき大胆な行動を際立たせるために、この現象の本質を表す「汚《けが》れ病《やまい》」というような造語を当てることもできるのではないでしょうか。もちろんその際、この「汚れ」というレッテルが、ハンセン病回復者とその家族の人たちの人権を侵害し、さらにまた部落差別というもう一つ別の深刻な人権侵害を今も起こし続けているということを深く心に刻まなければなりません。

（須藤伊知郎）

6 「食卓に着く」にはどうするか

マルコによる福音書2章15節

聖書協会共同訳 それから、レビの家で食卓に着いておられたときのことである。多くの徴税人や罪人もイエスや弟子たちと同席していた。

新共同訳 イエスがレビの家で食事の席に着いておられたときのことである。多くの徴税人や罪人もイエスや弟子たちと同席していた。

新改訳2017 それからイエスは、レビの家で食卓に着かれた。取税人たちや罪人たちも大勢、イエスや弟子たちとともに食卓に着いていた。

社会習慣の違いを考慮してあえて直訳せず、現代人に分かりやすいように意訳する事例に、食事の描写があります。

私たちの社会では、会食や飲み会、パーティーなどは基本的にプライベートに属します。しかし古代地中海世界では、午後の正式な食事式こそが公的な社会生活のメインツールでした。福音書を読むと、イエスもそうした食事式を、「神の国」の宣教活動の場として積極的に用いたことが分かります。

私たちが会食するとき、たいてい椅子に座ってテーブルを囲みますが、古代世界では、臥台《がだい》の上に横たわりました。ローマ社会では部屋の三方の壁と並行する位置に、基本的に合計3つの臥台を蹄鉄型に配置しました。ラテン語トリークリーニウム（3つの臥台）は「食堂」の意です。参加者が多いときは臥台を足すか、複数の部屋を使いました。1台につき2人から3人が半身に横たわって左手で体を支え、自由な右手で食事しました。有名なレオナルド・ダ・ヴィンチ「最後の晩餐」で参加者が椅子に腰かけ、ひとつの大きな長テーブルを囲んでいるのは、後代の習慣です。

上掲のマルコ福音書のレビの家での食事式で、聖書協会共同訳がイエスは「食卓に着いて」いた、また罪人たちがイエス一行と「同席していた」と訳すところを、岩波版『新約聖書』（2004年、訳者は佐藤研氏）は「〔食事の座で〕横になる」、また「一緒に横になっていた」と直訳します。椅子に腰かけないことに加えて、とくに言及のない食卓は、3つの臥台の中央に小さなものがひとつ置かれるのが通例ですので、現代でいう「食卓に着く」（聖書協会共同訳、新改訳2017）のでもありません。したがって例えば「会食の座についていた」と訳し、欄外注に「直訳『横たわっていた』」と付記してもよかったと思います。

また、古代の食事式は、前半の「晩餐」と後半の「飲み会」の二部から成ります。晩餐ではコース料理が給仕によって運ばれ、食卓上の鉢の中のディップやソースにパンを浸すか、指で直接食べました（マルコ14・20参照）。汚れた指はナプキン代わりのパンで拭い、「パンくず」は床に捨てるか（マルコ7・28参照）、給仕が運んでくる温水ボールですすぎます（ルカ16・24参照）。晩餐が終わると、家父長が葡萄酒による「灌祭《かんさい》」を神々への賛歌とともに献げ、食卓を入れ換えて後半の飲み会に移行しました。

この二部構成はユダヤ社会でも共有され、しかし彼らの文化に合わせて、前半「晩餐」の冒頭では家父長による祈りとパン裂きが、後半「飲み会」の直前には同様に家父長による「杯の祈り」がなされました。パウロが伝えるイエスの最後の晩餐の伝承（Iコリント11・23〜26）で、イエスがまず「パンを取り」とあるのは、彼がホストを務める晩餐が始まる合図、続いて「食事（＝晩餐）の後、杯も同じように」とあるのは後半の飲み会への移行のシグナルです。この飲酒と懇親を主目的とした後半部分で、原始キリスト教では説教がなされたようです（ヨハネ13・31以下、使徒20・7以下など参照）。

さらに古代の食事式では、客の社会的ランクに従って席順ばかりか、提供される食事の質や量にも大きな差がありました。3つの臥台のうち、入口から見て中央奥の臥台が賓客用（その左端が主賓の場所）、また左側の臥台が招待者たちの場所である一方で、右側の臥台は解放奴隷や庇護民など下級の客用であり、サービスはガタ落ちします。こうした社会格差を見せつける習慣が、パウロがコリント教会の食事式では「空腹な者もいれば、酔っている者もいる」（Iコリント11・21）と指摘することの背景にありそうです。

　これに対して、レビ宅の食事式でイエスは、「私が来たのは、正しい人を招くためではなく、罪人を招くためである」（マルコ2・17）と宣言します。彼のその他の発言、例えば「人々は、東から西から……来て、神の国で宴会の席に着く」（ルカ13・29）、「貧しい人々は、幸いである／神の国はあなたがたのものである」（ルカ6・20、ともに聖書協会共同訳）などに照らして、イエスは「罪人」や「貧しい人々」つまり通常なら招かれざる客たちを、来るべき「神の国」の食事式の賓客として扱ったのです。

　ちなみにヨハネ福音書では、最後の晩餐の最中にイエスが弟子たちの足を洗うという、ふつうなら晩餐の前に、ホスト宅の奴隷がする歓迎の所作をなします（ヨハネ13・2以下）。そのとき弟子たちは臥台から身を起こし、外側の端に腰かけているのでしょう（ルカ7・38で「罪深い女」が、会食中のイエスの背後で彼の足のそばに立つのも、彼が臥台に横たわっていると考えれば分かります）。さらにヨハネ福音書には参加者たちの対話がありますが、ホストであるイエスとその「すぐ隣」（ヨハネ13・23）にいる主に愛された弟子は、招待者用の臥台に並んで横たわり、イエスから浸されたパン切れを手渡される裏切者ユダ（26節）はどうやらホストの真向かいに位置する中央臥台の主賓席に、他方で少し遠くから「合図」するシモン・ペトロ（24節）は右側の下級客の席にいるようです。

　聖書協会共同訳の巻末「用語解説」には「パンを裂く（パンをさくく）」の項目がありますが、「食卓に着く」についても短い解説があってよかったと思います。

（廣石　望）

7 「麦の酒」

ルカによる福音書1章15節

聖書協会共同訳　ぶどう酒も麦の酒も飲まず
新共同訳　ぶどう酒や強い酒を飲まず
新改訳2017　ぶどう酒や強い酒を決して飲まず

ルカによる福音書は、洗礼者ヨハネの誕生予告物語で始まります。父ザカリアが祭司の務めを神殿でしていると、主の天使からお告げがありました。「あなたの妻エリサベトは男の子を産む。(中略)彼は主の前に偉大な人になり、ぶどう酒も麦の酒も飲まず……」(ルカ1・13〜15、聖書協会共同訳)。

従来の日本語聖書が揃って「濃(き)酒」(明治元訳、大正改訳)、あるいは「強い酒」(口語訳以降)と訳していた単語を「麦の酒」としたのは、聖書協会共同訳の新しい試みです。他には岩波訳が「酔う飲み物」と訳し、脚注で「葡萄酒以外の酒(とりわけビールの如きもの)」としていますが、田川訳(合本)も「シケラ」と音訳した上で、「正確なところ、不明。多分ひどく強い酒類」と説明するに留まっています。

原語「シケラ（sikera）」は新約でここにしか出てきませんが、ヘブライ語「シェハル」をギリシア語に音写したものです。シェハルは旧約でレビ記10章9節、民数記6章3節など20回用いられていきます。聖書協会共同訳はこのシェハルも「麦の酒」と訳しており（民数記28・7、詩編69・13では単に「酒」）、ルカ1章15節はそれと訳語を揃えたのでしょう。

シェハルについては、長谷川修一氏（立教大学）による解説があります（「遺跡が語る聖書の世界」4、『福音と世界』２０１９年4月号）。長谷川氏によれば、古代メソポタミアのアッカド語では、シェハルと同じ語源のシカルムという語がビールを指します。古代イスラエルの人々は、とくにバビロン捕囚以降、メソポタミアの文化を取り込みましたから、「シェハルがビールを指していた可能性は決して低くない」（70頁）というのです。長谷川氏は、「ここは潔く『ビール』と訳すこともできたであろう」（同頁）とも言っていますが、聖書協会共同訳は「麦の酒」としました。「ビール」ではストレートすぎると思ったのか、あるいはビール以外の酒である可能性も考えたのでしょうか。

いずれにせよ、「麦の酒」は新しい研究動向を踏まえた訳語です。「ぶどう酒」との組み合わせでこの語がしばしば用いられていることも、この訳だと納得がいきます。

洗礼者ヨハネはワインもビールも飲まない、と言われると、その禁欲生活が――どちらも好んで飲む人にとっては――具体的にイメージできるのではないでしょうか。

（辻　学）

8 「五千人」は人か男か

ルカによる福音書9章14節

聖書協会共同訳　というのは、五千人ほどの人[a]がいたからである。

a 別訳「男」

新共同訳　というのは、男が五千人ほどいたからである。

新改訳2017　というのは、男だけでおよそ五千人もいたからである。

イエスが、五つのパンと二匹の魚で大勢の人を満腹させ、しかも大量のパン屑が残るほどだったという、有名な「供食物語」は4つの福音書すべてに伝わっています。

ルカによる福音書9章10〜17節によれば、その人数は約五千人でした。ではその中に、女性や子供は含まれていたのでしょうか。

この点、新共同訳と聖書協会共同訳は理解が異なっています。新共同訳は「男が五千人ほど」と訳しており、新改訳2017はさらに、「男だけで」という、原文にない強調まで入れています。他方、聖書協会共同訳は「人」としており、男女の区別をしていません（ただし、新共同訳に配慮してか、「別訳」

として「男」も残しました）。

原語は、「男（アネール）」の複数形アンドレスです。したがって、「男」という訳は自然に見えますし、明治元訳以来、日本語訳聖書の大多数がこの立場を採っています（例外は聖書協会共同訳と田川訳）。また、同じ物語を伝えているマタイが14章21節で「女と子供を別にして、男が五千人ほど」（新共同訳）と書いていることも、この訳が支持される理由になっているようです。岩波訳は欄外注で、「人数を数える時は男のみを数える、当時の男性中心的習慣が背後にある」という説明までつけています。英訳やドイツ語訳の聖書も、調べた範囲では、これを男性複数形で訳出しているものばかりです。

しかし、「男」の複数形は、男女を含む人々を指すときにも用いられました。またマルコによる福音書は、6章の五千人供食物語では「五千のアンドレス」とする一方、8章の四千人供食物語では単に「約四千（人）」と、「アンドレス」を使わずに数字だけを書いています。「約四千（人）」が男子限定でないことは明らかなので、「五千のアンドレス」も同じだろうと考える方が自然です（田川訳の訳註による）。ルカ自身も、「人々」の意味でアンドレスを使うことがよくあるので（11・31～32、14・24、使徒2・5など）、この箇所もそうだと考えることは十分可能でしょう。

話の筋書きから考えても、ここで女性と子供をわざわざ別にする意味はあまりないように思えます。マタイだけがわざわざ「女と子供を別にして」と付け足しているのは（マタイは四千人供食物語の結末である15・38でも同じことをしています）、逆に言えば、元来の物語ではそれが不明瞭であることを表しているわけです。したがって、前述した岩波訳の説明は、マタイの考え方にはうまく合致していますが、元来の物語とは食い違っているようです。

聖書協会共同訳がどのような理由から「人」という訳を採用したのかはわかりませんが、主流になってきた訳語の問題点を見直させるという意味でも、勇気ある良い選択だったように思います。また、欄外注に「男」を残したことで、この箇所が異なる訳を採用しているのだとはっきり示す効果もありました。

（辻　学）

9

創造の時に起きたこと

ヨハネによる福音書1章1～5節

聖書協会共同訳

[3～4]万物は言《ことば》によって成った。言によらずに成ったものは何一つなかった。
言の内に成ったものは、命であった。この命は人の光であった。[5]光は闇の
中で輝いている。闇は光に勝たなかった。

新共同訳

[3]万物は言によって成った。成ったもので、言によらずに成ったものは何一
つなかった。[4]言の内に命があった。命は人間を照らす光であった。[5]光は暗
闇の中で輝いている。暗闇は光を理解しなかった。

新改訳2017

[3]すべてのものは、この方によって造られた。造られたもので、この方によら
ずにできたものは一つもなかった。[4]この方にはいのちがあった。このいのち
は人の光であった。[5]光は闇の中に輝いている。闇はこれに打ち勝たなかった。

本項目では、ヨハネ福音書の有名な序文（プロローグ）の冒頭の1節から5節までを取り上げます。

ここでヨハネはイエスの物語について、創造の初めまでさかのぼって読者に語りかけます。一語一語噛み締めながら読むと、その意味の深さに驚かされるでしょう。しかしそのこととは別に、別訳（別の訳し方）・異読（底本〔訳の基になった本〕以外の写本からの訳）・直訳（原語に近い訳）が記されている欄外注を見ると、実はこの箇所の訳には議論の余地が多くあることがわかります。最初の二節に新共同訳からの変更はなく、3節から5節に大きな変更があり、聖書協会共同訳での変更は**太字**で示すと次のとおりです。

3〜4 万物は言《ことば》によって成った。**（削除）**[b] 言によらずに成ったものは何一つなかった。[c] 言の内に**成ったものは、**命**で**あった。**この**命は**人の**光であった。
5 光は**闇**の中で輝いている。**闇**は光[d]**に勝た**なかった。

b 異「成ったもので、言によらずに成ったものは」
c 別訳「成ったものは、言の内にある命であった」
d 直訳「光を捕らえなかった」、別訳「光を理解しなかった」

まず新共同訳で3節と4節と別々に分けていたものを、聖書協会共同訳では3〜4節とつなげています。訳を変更したために、明確に3節と4節に分けられなくなったからでしょう。3節の一部「成ったもの」が削除され、4節に移動しています。その結果、新共同訳で「言の内に命があった」が、聖書協会共同訳では「言の内に**成ったものは、**命**で**あった」と変わります。

これにより、言と命の関係が変わりました。専門用語を用いれば、新共同訳で採っていた「言が創造の業に参与していた」とする「創造論的解釈」から、「言の内に何か歴史的なことが起こった」と捉える「歴史的解釈」にシフトしたと言うことができるでしょう。

ちなみに、このように聖書で複数節をつなげている例は珍しく、これに気付いた読者は注意深いと言えます。

またこの変更に関しては、欄外注**b**の底本以外の読みを示す重要な異読「成ったもので、言によらずに成ったものは」、また欄外注**c**の別の訳し方が可能な場合の別訳「成ったものは、言の内にある命であった」を参考にすると、この変更の事情を垣間見ることができます。

さらに4節の後半においては、新共同訳で「命は人間を照らす光であった」が、聖書協会共同訳で「**この命は人の光**であった」に変わります。つまり、底本には、「命」に冠詞がついているので訳でもそれを表現して「この命」になり、「光」には元々「人間を照らす」という修飾語はなく、「人々の」という修飾語（属格）がついているだけなので、意訳せず単に「人の光」に変わったのです。ストレートですっきりした感じになりました。

最後に5節にも変更が2点あります。小さな変更は、「暗闇」が「**闇**」に変わります。結果的に、他の口語訳・岩波訳・新改訳2017と合わせる形となります。それよりも、日本語においてもっと大きな変更は、「**闇は光に勝たなかった**」とされたことです。欄外注**d**に、直訳「光を捕らえなかった」と別訳（新共同訳）「光を理解しなかった」とあるように、これは「理解する」「勝つ」と訳されている動詞（カタラムバノー）に、「獲得する、征服する、抑圧する、あるいは理解する」などの日本語に訳せる幾つかの意味が含まれていることによります。

「闇は光を理解しなかった」と「闇」を擬人化して物事を知性的に理解する、あるいはしないという読み方よりも、単に「闇は光に勝たなかった」とするほうがこの箇所を素直に読めるのではないでしょうか。

（伊東寿泰）

10 注意を促す「アーメン」

ヨハネによる福音書1章51節

聖書協会共同訳 「よくよく言っておく。」

新共同訳 「はっきり言っておく。」

新改訳2017 「まことに、まことに、あなたがたに言います。」

本項目では、4つの福音書において、イエスが発する特徴的な定型句「よくよく言っておく」を取り上げます。この「よくよく」「はっきり」「まことに」と訳されている元のギリシア語は、皆さんもよくご存じの「アーメン」です。

この「アーメン」はお祈りや賛美歌の最後に発する合図、というわけではなく、通常「その通り」という確認や同意を表す語です。しかし、この定型句においては副詞として用いられ、新約聖書のマタイで30回、マルコで13回、ルカで6回、ヨハネで25回ほど、イエスの発言の冒頭にだけ出てきます。

特にヨハネの用例ではすべて、この「アーメン」が1つの文の中で2回繰り返され、強調されます。

例えば、ヨハネ福音書で初出の1章51節を、聖書協会共同訳で見てみると、「よくよく（アーメン、アーメン）言っておく。天が開け、神の天使たちが人の子の上に昇《のぼ》り降《くだ》りするのを、あなたがたは見ることになる」とあります。イエスは、「アーメン」と前置きすることにより、後に続く重要な内容や宣言等を伝達する前に、聞く者の注意を促しています。イエスの非常に特徴的な言い方で、それを２回繰り返している点は、興味深いと言えるでしょう。

これを右記のように、新共同訳は「はっきり」と訳出していますが、聖書協会共同訳では、口語訳・新改訳２０１７などと同様に、「アーメン」の回数によって訳し分ける試みをしていて、１回の場合を「よく」、２回の場合を前述のとおり「よくよく」としています。これは、新共同訳からの改善と言ってよいと思います。

ただ現代の日本では、「アーメン」という言葉は、結婚式などで一般の人々にも知られるようになっていること（アーメン・ソーメン・冷ソーメンという言葉遊びもあります）、もちろんキリスト教界ではキーワードであることから、音のまま「アーメン」としておいてもよかったとも思います。そのほうが、イエスの特徴的な言い方として、読者の印象に残り、インパクトがより一層あったかもしれません。（余談ですが、パイロット版〔「㉛ 異とは何か」を参照〕では「アーメン」とされていて、検討もされていたようですが、結局採用されなかったそうです。）

（伊東寿泰）

⑪ 宮清めの場面で

ヨハネによる福音書2章16〜20節

イエスの初期宣教（ヨハネ1・19〜4・42）において、イエスは最初のしるし（奇跡）をカナの婚礼で行います（2・1〜12）。その後、イエス一行はユダヤ人の過越祭が近づいたので、エルサレムへ上り、神殿の境内に赴きます。そこで見た光景に、憤りを覚えたイエスは、商売人や両替商を追い出そうとします。普段は温和で平安に満ちたイエスが、珍しく激しく厳しい態度を示すイエスの宮清め（神殿粛清）と呼ばれる場面です（2・13〜25）。

この宮清めの場面で、聖書協会共同訳は新共同訳からの改変を幾つも試みています。ここでは2章16〜20節から、記載順に3箇所を取り上げてみましょう。

(1) 最初は、2章16節を取り上げます。

聖書協会共同訳　鳩を売る者たちに言われた。「それをここから持って行け。私の父の家を商売の家としてはならない。」

新共同訳　鳩を売る者たちに言われた。「このような物はここから運び出せ。わたしの父の家を商売の家としてはならない。」

新改訳2017　鳩を売っている者たちに言われた。「それをここから持って行け。わたしの父の家を商売の家にしてはならない。」

2章16節で、新共同訳からの改変は、「このような物はここから運び出せ。」から「それをここから持って行け。」に見られるように、2点あります。「このような物」のギリシア語原語は、複数形の指示代名詞で、売られていた鳩も1羽だけではなかったはずですから、単数形の「それ」に変える必要はありません。写本上の問題も特になく、主要な英語訳も、口語訳も複数形で訳しています。ただ新改訳は、2017版も含めて単数形で訳出しています。この単数形への変更は、日本語で「語呂が良い」、またはスタイル的な理由なのかもしれませんが、もう一つ考えられるのは、聖書協会共同訳等は、単数形で訳している多くの独語訳聖書を意識したのかもしれません。

次に「持って行け」と翻訳している箇所の原文は、動詞「持ち去る（アイロー）」の2人称複数命令形です。この改変は、単に訳語の選択によるもので、特にどちらも間違いではありません。聖書協会共同訳は、どちらかと言うと、原語の意味に少し寄せた表現になっています。ちなみに、この動詞は1章29節でも使われていて、そこでは世の罪を「取り除く」と訳されています。本節でも、やはり「運び出せ」というよりもこの「取り除く」という意味のほうが原文の意味に近いようです。

(2) 次は、2章17節です。

聖書協会共同訳　弟子たちは、「あなたの家を思う熱情が私を食い尽くす」と書いてあるのを思い出した。

新共同訳　弟子たちは、「あなたの家を思う熱意がわたしを食い尽くす」と書いてあるのを思い出した。

新改訳２０１７　弟子たちは、「あなたの家を思う熱心が私を食い尽くす」と書いてあるのを思い起こした。

新共同訳で「熱意」、聖書協会共同訳で「熱情」、新改訳（2017も）で「熱心」と訳される原語の名詞（ゼーロス）は、肯定的に「熱心」、否定的に「ねたみ」という両方の意味を持つ興味深い用語です。文脈に応じて訳し分けられる用語です。日本語辞書によると、「熱心な気持ち」という意味では、「熱意」も「熱情」も同じです。ただ「熱情」には「燃え上がるような激しい感情」という付加的な説明があり、「私を食い尽くす」という表現によりマッチし、その激しい状態がより一層伝わってきます。

さらに、本節の引用元である詩編69編10節では、新共同訳も聖書協会共同訳も「熱情」を採用しています。この詩編69編10節は、民数記25章11節のピネハスの「熱心・熱情」を理想とする伝統を前提としていて、新共同訳・聖書協会共同訳ともここも「熱情」と訳していることから、それらに合わせたと言えるでしょう。

ちなみに、ルカ福音書と使徒言行録の著者ルカが記した「熱心党」の「熱心」（ルカ6・15、使徒1・13）もこの伝統から来ています。したがって、この用語に関する聖書協会共同訳の改変は、新共同訳からの改善のように受け取れます。（「熱情」を採用する訳は他に岩波訳があります。）

(3) 次に、2章20節です。

聖書協会共同訳　それでユダヤ人たちは、「この神殿は建てるのに四十六年もかかったのに、三日で建て直すと言うのか」と言った。

新共同訳　それでユダヤ人たちは、「この神殿は建てるのに四十六年もかかったのに、あなたは三日で建て直すのか」と言った。

新改訳第3版（2003年）　そこで、ユダヤ人たちは言った。「この神殿は建てるのに四十六年かかりました。あなたはそれを、三日で建てるのですか。」

新改訳2017　そこで、ユダヤ人たちは言った。「この神殿は建てるのに四十六年かかった。あなたはそれを三日でよみがえらせるのか。」

この箇所では小さな改変が2点あります。(a) ユダヤ人たちの発話から「あなたは」という主語の削除（18節でも同様）と、(b) その発話に動詞「と言う」の補足をしている点です。

(a)については、ギリシア語では、使用される動詞の示す人称形態が主語を示唆するので、名前など固有名詞で主語を明示する、あるいは主語を強調する場合以外は、主語は特に必要ではなく、なくても問題ありません。ここでは「建て直す」という意味で動詞（エゲイロー）の2人称単数形が使用されています。これで、主語が「あなた」ということが分かります。

しかし、それに加えて「あなた」という代名詞（スー）が元々原文にあることの意味を考えると、「あなたは三日で建て直すのか」と「あなた」が強調されているようです。それを聖書協会共同訳は改変で削除しました。おそらく、文を短くすることによって、話のテンポを軽快にする（高める）とともに、インパクトを狙ったのかもしれません。言い換えれば、「あなた」にではなく、「三日で建て直すのか」に強調点が移される形になります。しかしながら、やはり、原文で誰が建て直すのかという点に強調点の一つを置いているのであれば、この「あなた」の削除は疑問です。ちなみに、口語訳や新改訳2017などの主要な和訳も「あなた」を訳出し、ほとんどの英訳も「you」を明示しています。NASB、NKJVなどはさらに強調して「You」と大文字で記載しているほどです。

他方(b)については(a)とは逆で、聖書協会共同訳では、原文にはない「と言う」という動詞を和訳で補足しています。「この神殿を壊してみよ。三日で建て直してみせる。」（19節）と公言するイエスの言質（後々証拠になる言葉）を取るためか、言った内容も大事だが、それに加えて公言する発話行為そのものに焦点を当てるような言い方になるように、訳出しています。(a)の「あなた」を削除したために、バランスを取るための補足と受け取れないこともありませんが、いずれにしても訳者の解釈が前面に出てきすぎているような印象を受けます。主要な和訳・英訳でこのように訳している例は稀で、岩波訳がわずかにそうしているくらいです。

新改訳２０１７で「それを三日でよみがえらせるのか。」と訳している点は、他の３つの訳とは際立つ違いです。実は、ここで使用されている動詞（エゲイロー）の直訳は、欄外注にもあるように「起こす」で、19節や20節で「建て直す」として用いられている動詞と同じです。同時に、22節で「イエスが死者の中から復活されたとき」の「復活する」という意味でも使われています。したがって、この「起こす」という意味と、イエスの復活に言及する21～22節の内容を汲んで、おそらく新改訳２０１７は「よみがえらせるのか」と訳しているわけです。ただ「よみがえらせるのか」という訳の表現を使うことによって、ヨハネ福音書に特徴的な、イエスに関するユダヤ人たちの「誤解」のモティーフ（ここでは神殿をイエスの身体とは考えていない点）の効果が薄められてしまうように思います。* いずれにしても、この同じ動詞の複数回使用については、この福音書の著者が意図的に使用していることが窺われて、とても興味深い場面となっています。

＊「誤解のモティーフ」とは、ヨハネ福音書の著者が読者効果を高めるために用いているとされる文学的装置のことです。「二重意味」と称される場合もありますが、霊的真理に気づかせるために意図的に誤解しやすい語句を用いるのが特徴です。例えば、ここの神殿とイエスの身体や、「新しく生まれる」という表現（３・３以下）等。結果的に、読者は、著者の深い意味を理解できるインサイダーと、理解できないアウトサイダーに分けられることになります。

（伊東寿泰）

12 洗礼者ヨハネの言葉はどこまでか

ヨハネによる福音書3章27〜36節

イエスの初期宣教（ヨハネ1・19〜4・42）において、イエスとファリサイ派の教師ニコデモとの対話（3・1〜21）がありますが、本項目ではその後の出来事で、洗礼者ヨハネのイエスに関する2度目の証言を描写した場面を取り上げます（3・22〜36）。この場面では、新共同訳と聖書協会共同訳の翻訳の違いを顕著に示す2点のポイントについて見てみましょう（2点目は次項参照）。

第1点目は、洗礼者ヨハネの言葉はどこまでかという点についてです。

その頃洗礼者ヨハネは、水が豊かなヨルダン川の西側（サリムの近くのアイノンという場所）で洗礼を授けていました（3・23）。一方、そのヨルダン川の反対側でイエスの一行も洗礼を授けていて（3・22）、人々がイエスのもとにつめかけていることを心配した洗礼者ヨハネの弟子たちが、そのことを師のヨハネに告げた際のヨハネの返答が、3章27節から記載されています。新共同訳では、そのヨハネの発話を2つに分けています。言葉の引用を示す引用符（鍵括弧）を参照すると、その2つとは、(1)27節から30節までと、(2)31節から36節までとなります[*1]。

しかし、聖書協会共同訳では、この(2)を、引用符を外すことによって、ヨハネの返答（発話）から除き、ナレーションとしました。つまり、ナレーターの語りの部分として位置付けるという変更をしたわけです。

ただ単に引用符がなくなっただけで、もちろん「内容は同じでしょ」と言うこともできます。たしかに誰の言葉であろうと、この福音書を書いた著者がその読者に伝えようとするメッセージは変わらないでしょう。しかし、翻訳上、また聖書学的には大切な違いが出てきます。それは、その内容について誰が読者に伝えるかということです。つまり、話者によって、それが洗礼者ヨハネの考えか、ナレーターの考えなのかという違いが生じます。例えば、「御子を信じる人は永遠の命を得ているが、御子に従わない者は、命にあずかることがないばかりか、神の怒りがその上にとどまる」（新共同訳3・36）という重要なメッセージを発信したのは、誰なのでしょうか。この意味内容を考えると、その違いは結構重要なものとなります。さらに、この福音書全体を通して、それぞれのメッセージや考えを取り出して総合化して、例えば、ヨハネ福音書における洗礼者ヨハネの思想、あるいはナレーターの思想は何かという視点で見ていくと、誰が何を述べたのかという点は、この福音書を正しく理解する上で、重要な意味を持つことが分かります。

ちなみに、主要な訳はどのように捉えているのでしょうか。(1)(2)の両方を洗礼者ヨハネの言葉としているのが、新共同訳、口語訳、NASB、NKJV、NIV（1973年版）等です。一方、(2)をナレーションと見なしているのが、聖書協会共同訳、新改訳第3版、新改訳2017、NIV（2011年版）、RSV、NRSV等です（KJVはもともと引用符が使用されていないので不明）。私も(2)をナレーションと見なすことに賛成です。内容的に、洗礼者ヨハネの考えというよりも、ナレーターの思想・メッセージに近いからです。

例えば、「御子」「永遠の命」という言葉を洗礼者ヨハネはこの福音書では一度も使いません。ちなみに、「御子」という特別で記憶に残る用語は、驚くことに、この福音書ではこの3章でしか使われていません（新共同訳、聖書協会共同訳、新改訳2017）。そしてその3章で、(2)以外の箇所でこの用語が使用されるのは、聖書では特に有名な3章16節を含むナレーションの部分（3・16～21）です。[*2] つまり、著者がナレーターにそれを語らせているわけですが、このナレーターと著者は相当緊密な関係にあり、ナレーターは「著者の第二の自我」とも称されるほどです。[*3] 著者の考えや価値基準を物語で伝える役割をナレーションの部分で担うのがナレーターなので、(2)の内容は、洗礼者ヨハネの考えというよりも、ナレーターの思想・メッセージに近いと先ほど述べたわけです。

以上から、小括すると、洗礼者ヨハネの言葉はどこまでかという点については、30節までとしている聖書協会共同訳は、新共同訳から改善していると思います。

＊1　初期のパピルスや大文字写本には、引用符を含む句読点が一切ありませんでした。したがって、どこで段落を区切るか、どこに引用符を付けるかはギリシア語本文の校訂者、そして翻訳者の判断によります。

＊2　この部分は聖書協会共同訳、新改訳2017ほかほとんどの日本語訳でナレーションと見なされていますが、新共同訳ではイエスの言葉として引用符の中に入れられていました。主要な英訳聖書でも見解が分かれるところです。

＊3　ナレーターと内的著者は常に同一ではありませんが、このヨハネ福音書では、ナレーターは内的著者の声、また読者に語りかける声として、この福音書物語を語る役割を果たしています。

（伊東寿泰）

13

「永遠の命」に関して

ヨハネによる福音書3章36節

第2点目は、3章36節の訳の修正についてです。

聖書協会共同訳

御子を信じる人は永遠の命を得る。しかし、御子に従わない者は、命を見ることがないばかりか、神の怒りがその上にとどまる。

新共同訳

御子を信じる人は永遠の命を得ているが、御子に従わない者は、命にあずかることがないばかりか、神の怒りがその上にとどまる。

新改訳2017

御子を信じる者は永遠のいのちを持っているが、御子に聞き従わない者はいのちを見ることがなく、神の怒りがその上にとどまる。

本節では、ご覧のとおり改変が2点あります。新共同訳の(1)「永遠の命を得ている」が「永遠の命を得る」に、(2)「命にあずかる」が「命を見る」に聖書協会共同訳では変更されています。本節の原文の構文を見ると、複雑なものではありません。したがって、これらの違いは、翻訳する上で、構文に起因するものではなく、どちらも単語レベルに由来する類のもので、ここは動詞に関するものです。

まず(1)に関して、原文で使用されている用語は、動詞（エコー）の3人称単数現在形で、通常「持つ、保存する、持ち続ける、保持する、所有する」という意味の用語です。そのニュアンスから何かをすでに持っている状態を表す際に使用されることが多いものです。したがって、そのように訳している新共同訳から、これから（未来形で）何かを得る、受け取るとの意味にも解せるような聖書協会共同訳の変更には、疑問を感じます。わざわざ変更するほどの必要性に乏しく、誤ったニュアンスを与えるようで、これは改悪のように思います。新共同訳でも、「得る」という動詞の訳語を使う上で、原語の意味を正しく伝えるために「得ている」としています。さらに、この同じ現在形動詞を訳す場合でも、5章26節が「父が、ご自身の内に命を持っておられる」のように、「得る」ではなく「持つ」という訳語を使用しているなら、まだ合点がいきます。しかし、本節ではそうではありません。

次に(2)については、改善と評価できます。「命を見る」と翻訳している箇所の原文は、通常「見る、認識する、霊的に分かる、超自然的に見える、体験する」等の意味を持つ動詞（ホラオー）の未来形の用語です。このような意味の広がりは、実はギリシア語だけでなく、新約諸文書の背景にあるヘブライ語、また聖書を翻訳している英独仏など西欧近代諸語にも見られるものです。そこで英独仏の大多数の訳ではこの箇所は「見る」と直訳されています。日本語でも、「馬鹿を見る」「痛い目を見る」「いい目を見る」といったように「見る」にはやはりこの広がりがありますので、「体験する」という意味で「あずかる」という訳も不可能ではありません。しかし、それでも、原語により忠実に、そしてまた素直に「見る」と直訳し、読者にその意味を考えさせるほうが良いのではないでしょうか。

もちろん「あずかる」と訳す新共同訳については、これは推測ですが、命を直接肉眼的に「見ること」は難しく、読者が理解するには少し想像力を働かせる必要があるので、読者に直感的に理解しやすいように文脈に合わせて意訳を試み、「命にあずかる」という判断に至ったのかもしれません。また同様に訳出していた口語訳の影響もあったのでしょう。ただ仮にそうであったとしても、上記のように「命を見る」と改変した聖書協会共同訳の判断のほうを、上記の理由で私は推奨します。

（伊東寿泰）

14 誰が偉大なのか

ヨハネによる福音書10章29節

聖書協会共同訳

[a]私に彼らを与えてくださった父は、すべてのものより偉大であり、誰も彼らを父の手から奪うことはできない。

a 異による。ギ「父が私に与えてくださったものは」

新共同訳

わたしの父がわたしにくださったものは、すべてのものより偉大であり、だれも父の手から奪うことはできない。

新改訳第3版（2003年）

わたしに彼らをお与えになった父は、すべてにまさって偉大です。だれもわたしの父の御手から彼らを奪い去ることはできません。

新改訳2017

＊わたしの父がわたしに与えてくださった者は、すべてにまさって大切です。だれも彼らを、父の手から奪い去ることはできません。

＊異本「わたしに彼らを与えてくださった父は、すべてにまさって偉大です」

右記のように、本項目では、ヨハネ10章29節を取り上げます。ここは、エルサレムで、9章の目の見えない人の癒しに続き、10章前半でイエスが「良き羊飼い」の講話をし、それを聞き及んだユダヤ人たちが、そのような話をするイエスに「あなたはメシアか」と詰め寄る場面で、イエスが語る言葉です。それは、エルサレムで神殿奉献記念祭（宮清めの祭り）が行われていた冬のことで、神殿内のソロモンの回廊が舞台となっています（10・22以降）。その仔細は、新共同訳では次のとおりです。

「あなたはメシアか」（10・24）との問いに、イエスは前のエピソードと関連させて、再度羊の話を持ち出して、

25イエスは答えられた。「わたしは言ったが、あなたたちは信じない。わたしが父の名によって行う
業が、わたしについて証しをしている。26しかし、あなたたちは信じない。わたしの羊ではないか
らである。27わたしの羊はわたしの声を聞き分ける。わたしは彼らを知っており、彼らはわたしに
従う。28わたしは彼らに永遠の命を与える。彼らは決して滅びず、だれも彼らをわたしの手から奪
うことはできない。29わたしの父がわたしにくださったものは、すべてのものより偉大であり、だ
れも父の手から奪うことはできない。30わたしと父とは一つである。」

このように、父なる神と同一であると公言するイエスに対して、

31ユダヤ人たちは、イエスを石で打ち殺そうとして、また石を取り上げた。

とナレーターは語ります。「また」とは、ユダヤ人たちがすでに8章59節で同様の行為をしようとした

ことがあるからです。その箇所と共通している点は、自分と神を同一視するイエスの言葉は神を冒瀆することだと、ユダヤ人たちが考えたことです（10・33。5・18も参照）。

このような背景を考えると、29節の翻訳はことさら重要になります。「父がわたしにくださったものは、すべてのものより偉大であり」と訳出する新共同訳では、父がイエスに与えたものは文脈から、「羊」であり、それが「すべてのものより偉大」となってしまうからです。実は聖書協会共同訳の欄外注にあるように、本節に関わる写本（異本）の読みは様々に分かれています（この異という記号については本書「㉛異とは何か」を参照）。新共同訳は、写本の外的証拠（成立年代、信憑性、保存している本文の型の地理的な拡がり、写本相互の家族関係等）に重きを置いて、底本（＝『ギリシア語新約聖書』修正第3版、聖書協会世界連盟〔UBS〕）がとっている読みを採用しています。

しかし、聖書協会共同訳は、写本の内的証拠（本文の文体、語彙、内容、文脈の一貫性等）に重きを置いて、底本（＝UBS第5版、この点では修正第3版と同じ）が採用している読みではなく、底本が脚注に掲げている別の読みに従って「私に彼らを与えてくださった父は」と訳しています。その結果、父が「すべてのものより偉大」となり、聖書では、もちろんヨハネ福音書でも、内容的にはこちらが自然な解釈となります。そうすると、この箇所で内的証拠を重視する立場に立つならば、聖書協会共同訳で採用した訳は今回改善だと評価できます。

ただしこの場合、注意点が一つあります。それは、「彼ら」に相当する目的語が原文にはないので、訳で補足しなければならないことです。しかし、文脈に沿って解釈すると、27〜28節の「私の羊」を受けていると十分に考えられるので、補足は可能で、むしろこのほうが無理なく本節を解釈できます。新改訳第3版も同様で、実は主要な英語訳もそのように訳しています（ＫＪＶ、ＮＡＳＢ、ＮＩＶ、ＲＳＶ等）。

ところで、興味深いことに、その新改訳第3版の訳が、新改訳２０１７では、「わたしの父がわたしに与えてくださった者は、すべてにまさって大切です。」と改変され、新共同訳から聖書協会共同訳への改変とは全く逆方向の変更をしたことです。これは新改訳２０１７が新共同訳と同じく、この箇所で外的証拠を重視して底本（ＵＢＳ第5版）がとっている読みを採用したからです。それにともない新改訳２０１７は、どの訳も「偉大」と訳していた言葉を「大切」とし、日本語における言葉のニュアンスを変えていることは、熟慮の結果とは思いますが、内容的につじつまを合わせるための苦肉の策とも受け取れます。いずれにしても、これら上記一連の改変作業は、解釈を含めた翻訳の難しさを示していることが分かります。普段何気なく日本語の聖書を読んでいる読者もいるかと思いますが、その翻訳出版の裏には、様々な議論と、緻密で慎重な作業に加えて、大胆な決断があることを知ることで、身近な和訳聖書をさらに興味深く読めるのではないでしょうか。

（伊東寿泰・須藤伊知郎）

15 信心深い「ユダヤ人」か、信心深い「人々」か

使徒言行録2章5節

聖書協会共同訳　エルサレムには天下のあらゆる国出身の信仰のあつい人々が住んでいたが

新共同訳　エルサレムには天下のあらゆる国から帰って来た、信心深いユダヤ人が住んでいたが

新改訳2017　エルサレムには、敬虔なユダヤ人たちが、天下のあらゆる国々から来て住んでいたが

使徒言行録2章5節を読み比べると、新共同訳と聖書協会共同訳との間に違いがあることに気づかれると思います。新翻訳『聖書協会共同訳』では、新共同訳にあった（そして新改訳2017にもある）「ユダヤ人（ユーダイオイ）」の語がなくなって、ただの信心深い（＝信仰のあつい）「人々」となっていま

注付きの聖書協会共同訳を見ると、そこには脚注があり、次のような説明があります。〈異による。ギ「ユダヤ人」〉。「異による」とは、底本（＝『ギリシア語新約聖書』第5版、聖書協会世界連盟〔UBS〕）がとっている読みとは異なる読みを採用しているという意味で、さらに〈ギ「ユダヤ人」〉とは、そのギリシア語の底本では「ユダヤ人」となっているという意味です（「㉛異とは何か」を参照）。

ここで少々説明が必要かもしれません。新約聖書文書のどれ一つとして原本が残っているものはありません。数多くの写本の形で残されているだけです。しかも写本を比較すると、言葉遣いや語順など、細かい点で色々な違いが見られるのです。そこでどの読みが本来の読みなのか、オリジナル・テクストを確定する作業、すなわち「本文批評《ほんもんひひょう》」が必要となります。今回の例で言えば、著者ルカは使徒言行録2章5節を記した際、信心深い（＝信仰のあつい）「ユダヤ人」と書いたのか、それとも信心深い「人々」とだけ書いたのか、という問題です。聖書協会共同訳は、他の多くの翻訳とは違って、紀元4世紀のギリシア語大文字写本である「シナイ写本」（など）の読みを採用し、「ユダヤ人」という語のない「信心深い人々」という読みをオリジナルだと判断しているのです。

この判断が正しいかどうか、なお検討の余地はありますが、もしこの読みがオリジナル・テクストだとすると、どんな解釈が可能となるのでしょうか？　例えば、ペンテコステの出来事を目撃した「信心深い人々」の中には異邦人も含まれているのでしょうか？　この時点ですでに多くの異邦人に神の偉大な業が告げられたということなのでしょうか？

問題になっている箇所（使徒2・5）は、有名なペンテコステの出来事の報告（2・1〜4）に続く、その出来事に遭遇した人々とその反応について記している箇所です。その当時、ユダヤ教の神殿の都であったエルサレムは非常にコスモポリタンな都市でした。エルサレムは多くの国々に離散して住んでいた、いわゆるディアスポラのユダヤ人たちにとっても母なる都であり（フィロン『ガイウスへの使節』281以下）、そのような中からエルサレムへ移り住むようになった人々もかなり多くいたようです。「天下のあらゆる国（々）」というのは著者ルカ特有の誇張だと思われますが、2章9〜11節に挙げられている多くの地域（パルティア、メディア、エラム、メソポタミア、ユダヤ、カパドキア、ポントス、アジア、フリギア、パンフィリア、エジプト、リビアのキレネ側の地方など）から移住してきたユダヤ人たちがペンテコステの奇跡的出来事に遭遇したのだ、というのが従来の読みから導き出される結論です。たしかにこのような理解は著者ルカの意図に即しているように思えます。使徒言行録をさらに読み進めると分かるのですが、福音をまず告げ知らされたのはエルサレムのユダヤ人たちであり、迫害などの思いがけない出来事をきっかけに福音がより広い地域にもたらされ、次第に異邦人に伝えられるようになります（例えば、8章のエチオピアの宦官の物語）。しかし、本格的な異邦人伝道は10〜11章の百人隊長コルネリウスに対するペトロの伝道から開始されることになります。このような展開を念頭に置くと、ペンテコステの時点で異邦人たちに福音が告げ知らされるということは、まだ時期尚早だとも言えるでしょう。

しかし、著者ルカがあえて「信心深いユダヤ人」ではなく、「信心深い人々」と書いたのだとすると、それは何を意味しているのでしょうか？　ルカがペンテコステの出来事に関して用いているこの曖昧な表現は、これから起こることを先取りする暗示と言えるかもしれません。福音宣教によって救いの及ぶ領域が異邦人にまで拡大され、元来ユダヤ人だけから成り立っていた「神の民」の形が、異邦人も加えられるという仕方で変化していく、というのが、使徒言行録の大事なメッセージです。もちろん、ペンテコステの出来事に遭遇した人々の多くは、11節にあるように、ユダヤ人およびユダヤ教への改宗者だったと思われます。けれども、その中に多様な民族出身の異邦人もいたという含みをルカは持たせようとしているのかもしれません。もちろん「信心深い（エウラベース）」という形容詞は重要です。ルカの用い方によれば、それは「まことの神を畏れ、神の意志に忠実な」という意味であり、もし「信心深い人々」に異邦人が含まれるとしても、偶像礼拝をしている、あるいは神を信じない異邦人のことではなく、まことの神を畏れ敬う異邦人、つまり、後に登場するコルネリウスのような人々のことをルカは念頭に置いているのかもしれません。

一見、新翻訳『聖書協会共同訳』の使徒言行録2章5節における変更は些細《ささい》なことに思えます。けれども、以上見てきたような重要な含みを持っていると言えるかもしれません。

（中野　実）

16 「アジア州の議員」とは何者か

使徒言行録19章31節

聖書協会共同訳	アジア州の議員数人
共同訳	アジア州の祭儀をつかさどる役人たち〔訳注：ローマの属領アジア州内の各市から選ばれた十人で、州内の祭礼や競技会の管理者、またローマ皇帝礼拝の指導者。〕
新共同訳	アジア州の祭儀をつかさどる高官たち
新改訳2017	アジア州の高官であった人たち

使徒言行録19章は、小アジア西部（現在のトルコ）のエーゲ海に面する古代都市エフェソが舞台です。聖書協会共同訳が「アジア州の議員」と訳すのはギリシア語「アシアルケース」の複数形で、おそらくローマ帝国の属州アシア（前133年創設）を意味する「アシア」と、しばしば都市の行政職をさす「アルケース」の合成語です。「議員」の訳語は何らかの議会制度を、他方で「役人」（共同訳）は都市行政職を、また「高官」（新共同訳、新改訳2017）は帝国官僚をそれぞれ連想させます。共同訳の「祭儀を

つかさどる」（新共同訳も同じ）は原文にない解説的な翻訳であり、その詳細は上掲訳注のとおりですが（蛭沼寿雄ほか『原典新約時代史』１９７６年、34～35頁も参照）、これは本当でしょうか。

都市エフェソは、銀細工師デメトリオによる騒動（19・23以下）にもあるようにアルテミス女神崇拝の総本山であり、世界七不思議に数えられた巨大神殿が有名です。2世紀初めの碑文にも、有力者の寄進により年間を通して二週間に一度、郊外のアルテミス神殿と都市中心部を往復する壮麗な行列祭礼が挙行されたとあります。著者ルカは銀製の神殿細工（みやげ物／お守り／奉納品？）を製造販売する職業団体に言及しますが（24節）、遺構からは銀でなくテラコッタ製の小型神殿が、また銀製の女神像のミニチュアが出土しています。エフェソは「魔術」文書（19節）でも有名でした。

さらに、暴動の嫌疑をちらつかせて騒動を鎮める「町の書記官」（35節、聖書協会共同訳）は下っ端役人でなく、市民権をもつ都市市民団（「デーモス」30、33節――聖書協会共同訳「群衆」）から選出された評議会（ブーレー）の行政トップです。「（正式な）会議」（39節）と「集会」（32、40節）に訳し分けられる「エクレーシアー」は、都市の内政上の最高議決機関である民会でしょう。じっさいエフェソの民会は、今に残る「劇場」（29、31節）で開催されました。諸都市における民会の混乱ぶりは、他の同時代の文献にも証言されています。

また使徒言行録の書記官が引き合いに出す「総督」（38節）は、ローマ元老院から任期制で派遣される属州総督（ラテン語ならプローコンスル）です。総督はごく少数の側近のみを従えており、現代の公務員制度と比べて非常に〈小さな政府〉でした。総督の主たる業務は税金の徴収を監督すること、裁判のために州内の諸都市を巡回すること（38節参照）、そして必要に応じて軍隊（正規軍、補助部隊）を投入して地域の安定を維持することでした。使徒言行録は、都市エフェソの地方色をよく描写しています。

さて、問題のアシアルケースですが、歴史学者の間で、この肩書きはローマ帝国の属州に一つないしそれ以上あった、元老院公認の皇帝祭儀の「主席神官（アルヒエレウス）」の別称であるという説と（共同訳の訳注「ローマ皇帝礼拝の指導者」を参照）、いや別の役職だろうという説があり（同「州内の祭礼や競技会の管理者」も参照）、ずっと論争が続いています。

1979〜84年、オーストリアのアカデミーから浩瀚《こうかん》な小アジア・ギリシア諸都市の碑文集成が公刊されました。エフェソに関して、両方の肩書が（その他と並んで）同時に証言されている有力者に、ティベリウス・クラウディウス・アリストン（エフェソ出身）、ティベリウス・ユリウス・レギヌス（エフェソ出身）、さらにマルクス・アウレリウス・ディアドコス（ティアティラ出身）らがいます。しかし碑文は、各人が歴任した一連の肩書と回数（つまり任期制）を羅列するのみで、職位の位置づけと内容が私たちには判然としません。

共同訳の訳注に「ローマの属領アジア州内の各市から選ばれた」云々とあるのは、もともとギリシア系の都市（ポリス）が、近隣の諸都市と「連合体（コイノン）」を形成して内外の利害調整を図ったことに関係します。前2世紀以降、東方世界にローマの覇権が及ぶようになると、中央政府はてっとり早い交渉相手として諸地域の都市連合を利用しました。ただし、都市連合の範囲はローマ「属州」の管轄範囲とつねにぴたりと重なるわけでなく、また現代の連邦国家でいう「州議会」のようなものが選挙によって構成されたのでもありません。むしろ有力諸都市の富裕市民たちが、ローマ帝国というグローバルネットワークの中で、町の威信をかけて名誉と利益のために競い合ったのです。

その最たるものが皇帝祭儀ですが、実施形態は民間団体によるものをはじめ多種多様でした。都市主催のものとしては、前27年、ギリシアのレスボス島の都市ミュティレーネーが包括的なアウグストゥス祭儀の導入を決議し、その決議文の写しを帝都ローマのアウグストゥス自宅と地中海沿岸の諸都市に送りつけました。

都市連合によるものとしては、後23年、アジア州のコイノンが、ペルガモン（前29年）に続く州内第二の帝国公認の皇帝神殿を建立する許可を求めて、ローマの元老院にまで使節団を派遣し、つごう11の有力都市の代表がその栄誉を求めて競いました。このときはスミルナが指名され、エフェソがその栄誉を手にしたのは、ようやく後89／90年のことです。碑文に「エフェソにある〔皇帝〕神殿のアシア主席神官（アルヒエレウス）」と出るのがそれで、主席神官が女性であった事例もあります。

この主席神官とアシアルケースの異同をめぐる論争があることは、すでに触れました。コイノンの理事たちがアシアルケースで、そのトップが主席神官だろうという推定もあります。しかし、さらにややこしいことに、使徒言行録で都市エフェソが女神アルテミスの「守り役」（35節、聖書協会共同訳）と言われる、そのギリシア語「ネオーコロス」（原義は「宮守」）の語もまた、肩書として皇帝祭儀との関連で碑文に出ます。例えば個人では「女神ローマとアウグストゥスの宮守」（ペルガモン）、「アシアの主席神官、皇帝の宮守、弁論家」（エフェソ）、「諸皇帝の宮守、アシアルコス」（ミレトス）などです。また都市そのものが皇帝（たち）の「宮守」と呼ばれたのはエフェソが最初であり（後69～96年のフラウィウス朝の時期）、後2世紀にはスミルナやペルガモンが続きます。

かくして皇帝祭儀との関連が明瞭なのは「主席神官」と「宮守」である一方で、後2～3世紀の碑文に証言が急増する「アシアルケース」は、剣闘士の試合や競技会に関係する名誉職（任期制）であるらしいこと以外、都市・都市連合・属州との関係は不詳です。しかも「ネオーコロス」とともに碑文証言の年代はパウロ（50年代）というより、使徒言行録の執筆年代（90年代以降？）に似合いそうです。そんなわけで、訳語としては「州」「議員」「役人」「高官」などはひとまず避け、「アシア役」（田川建三訳）あたりが適切でしょう。

（廣石　望）

17 イエスは「贖《あがな》いの座」

ローマの信徒への手紙3章25節

聖書協会共同訳　神はこのイエスを、真実による、またその血による贖《あがな》いの座とされました。

新共同訳　神はこのキリストを立て、その血によって信じる者のために罪を償う供え物となさいました。

新改訳2017　神はこの方を、信仰によって受けるべき、血による宥《なだ》めのささげ物として公に示されました。

「神はこのイエスを、真実による、またその血による贖いの座（ヒラステーリオン）とされました」（ローマ3・25）という文言は、パウロを含めた原始教会がイエスの死といかに向き合い、主の死を経験した共同体がいかに未来に向かって生き続けるかを模索した様子を反映するという意味で、神学的に非常に重要な箇所です。しかしこれは同時に、理解が困難な文章でもあります。ここでは難解さの一因となっている「ヒラステーリオン」というギリシア語に注目しましょう。聖書協会共同訳はこの語を訳すにあたって、新共同訳が用いた「罪を償う供え物」という訳語でなく、「贖いの座」という神殿の調度品を指す文字どおりの訳を採用しています。これは、ヘブライ人への手紙9章5節が神殿至聖所にある契約の箱の様子を記述する際に用いる「ヒラステーリオン」の訳に倣《なら》っています。ちなみに他の日本語訳聖書ではフランシスコ会訳のみが「あがないの座」を採用してきており、口語訳が「あがないの供え物」、岩波訳が「贖罪の供え物」と訳しています。そして新改訳2017は明治元訳と大正訳の解釈を継承して、この供え物を「なだめ」のためとしています。

イスラエルの民は年に一度の大贖罪の日に、犠牲の動物の血を「贖いの座」と呼ばれる契約の箱の上蓋（と箱全体）に振りかけ、これを民の罪が清められることの象徴としました（レビ記16・15～17）。そしてパウロはキリストの死の意義を説明する際に、この罪の清めに関わる神殿供儀をメタファー（隠喩）として用い、〈キリストの死が私たちの罪のためである——罪の解決に繋がる——ことは、ある意味であの神殿供儀がイスラエルの民の罪を清めるかのようだ〉と述べているのでしょう。その際にパウロは、「贖いの座」という清めの供儀に関わる重要な調度品の名称を用いることで、犠牲獣の血による清めの儀式全体を指し、キリストが神と人の出会う新しい場所となったことを言い表そうとしています。

新共同訳で「罪を償う供え物」というやや説明しすぎな訳が採用されてきたのは、〈「ヒラステーリオン」という語が罪の問題を解消するための儀礼を示唆する語である〉という認識がその背景にあったからでしょう。もっとも大贖罪の日の儀礼は、損害の償いではなく汚れの清めですから、「ヒラステーリオン」に「償う」という訳を充《あ》てることは不適切でしょう。聖書協会共同訳では「贖いの座」という新たな訳を説明するにあたって、脚註に「宥《なだ》めの献げ物」という別訳も付しています。しかし大贖罪の日の意図は、怒る神を宥めすかすことではないので、「ヒラステーリオン」に「宥め」という訳を充てることも不適切でしょう（「㉙神による罪の贖いか、神の怒りの宥めか」参照）。大贖罪の日の儀礼は、犠牲獣の血によって神殿の汚れを取り除き、イスラエルの民を罪から清めて、神の臨在を保障するための行為です。その儀礼的行為の中心にあるのが「ヒラステーリオン」、すなわち「贖いの座」です。

聖書翻訳は、なじみの薄い語句をそのまま使うか、分かりやすい説明的な訳に変えるかという選択を訳者に迫る場合があります。「世の罪を取り除く神の小羊」（ヨハネ1・29）もその一例です。これを「⑴いわば過越の小羊に象徴される出エジプトの出来事が束縛されたイスラエルを解放したように、人類を罪の束縛から贖い出すために来られた方」あるいは「⑵いわば多くの人の罪を小羊のごとくその身に受けたイザヤ書53章の受難の僕《しもべ》のように、人類の罪をその身に負うために来られた方」とすれば読者に親切かもしれませんが（じつはこの小羊には、少なくとも⑴と⑵の解釈があります）、それはヨハネ福音書の文学性を台なしにする過度な意訳になりかねません。

神の言葉を伝え継ぐ作業には、教会がその言葉への理解を深めて親しむ側面もあるように思います。「贖いの座」も「神の小羊」と同様に、適切な解釈をとおして、味わい深い句となるよう期待します。

（浅野淳博）

18

「練達」がなぜ「品格」に？

ローマの信徒への手紙5章3節後半〜4節

聖書協会共同訳
苦難が忍耐を生み、忍耐が品格を、品格が希望を生むことを知っているからです。

新共同訳
わたしたちは知っているのです。苦難は忍耐を、忍耐は練達を、練達は希望を生むということを。

新改訳2017
それは、苦難が忍耐を生み出し、忍耐が練られた品性を生み出し、練られた品性が希望を生み出すと、私たちは知っているからです。

ローマの信徒への手紙5章3節後半〜4節は多くの方の愛唱聖句になっているほど、有名な聖書箇所です。新翻訳『聖書協会共同訳』では、以前の翻訳と大きく異なる点がここには見られます。4節の「練達」が「品格」に変わっているのです。「練達」という訳語は、文語訳以来一貫して用いられてきました。ちなみに、文語訳はこうです。「そは患難は忍耐を生じ、忍耐は練達を生じ、練達は希望を生ずと知ればなり」。暗記したくなるほど、格調の高い翻訳です。

けれども「練達」が聖書協会共同訳では「品格」に、新改訳2017でも「（練られた）品性」になっています。そのような変化にショック！という人も少なくないかもしれません。この箇所の元のギリシア語はドキメーという名詞です。パウロ以前には使用例が見つからない珍しい語で、パウロの造語ではないかと言う学者すらいます。それはともかく、ドキメーという名詞が「（何かを）吟味して、本物であることを証明する」という意味のドキマゾーという動詞に由来していることは確かです。そこから推測すると、ドキメーは吟味された結果明らかになってくる「本物としての性格」を意味すると思われます。パウロがローマ書5章で語っているのは人格形成についてなので、「練習、訓練を重ねてその道（ある技術）を究める」という意味の「練達」（あるいは熟達）ではなく、人格が苦難と忍耐を通して練られ、鍛えられ、その結果形成されていく、その人ならではの「性格（キャラクター）」、別言すると、その人にそなわってくる「品格」、「品性」という訳語の方が、より的確かつ魅力的だと思います。

しかし、パウロは誰にでも当てはまる一般論をここで語っているのではありません。誰でも苦難を経験し、忍耐しさえすれば、素晴らしい品格（キャラクター）がそなわり、その結果希望を持つことができるようになる、という話ではないのです。パウロはこの言葉の直前において次のように語ります。「このように、私たちは信仰によって義とされたのだから、私たちの主イエス・キリストによって神との間に平和を得ています」（ローマ5・1）。神からの一方的な恵み、すなわち、イエス・キリストが成し遂げてくださった救いの業が前提なのです。キリストによって実現した神との平和を知り、その事実を信頼しているからこそ、キリスト者は苦難を忍耐することができ、その結果、本物の神の子としてのキャラ、すなわちキリストの恵みによって神の子とされた、その人ならではの品格を身につけることができるのだ、というのです。

パウロは名詞ドキメー（「本物としての性格、品格」あるいは「本物であることの証明、証拠」）および動詞ドキマゾー（「吟味して、本物であることを証明する」）を他の手紙でも何度か用いています。とくにコリントの信徒への手紙二で多く用いいます。中でも注目したいのは13章3〜5節です。

なぜなら、あなたがたはキリストが私によって語っておられる証拠（＝ドキメー〔本物であることの証明〕）を求めているからです。……キリストは、弱さのゆえに十字架につけられましたが、神の力のゆえに生きておられるからです。私たちもキリストにあって弱い者ですが、あなたがたに対しては、神の力のゆえにキリストと共に生きるのです。あなたがたは、信仰の内にあるかどうか、自分を試し、自分を吟味しなさい（＝ドキマゾー）。それとも、あなたがたは自分自身のことが分からないのですか、あなたがたの内にはイエス・キリストがおられるのです。

（Ⅱコリント13・3〜5、聖書協会共同訳）

その当時使徒パウロは、自らの抱えていた多くの弱さのゆえに、反対者たちから「使徒として失格だ」という攻撃を受けていました。コリント教会の人々もそれに影響され、パウロに本物の使徒であることの証明（ドキメー）、すなわちキリストが本当にパウロにおいて語っているのかどうか証拠を示せ、と求めたのです。それに対して、パウロは「弱さのゆえに十字架につけられたが、神の力のゆえに生きておられる」イエス・キリストを示します。パウロはこう断言します。人間の弱さのただ中に来られ、人々から排除されるほどに十字架において弱さを経験されたキリストにあって、私たちも今は弱い者である。もちろん神の力のゆえに復活させられたキリストが私たちの内に生きてくださっているがゆえに、私たちも復活の力にあずかることがゆるされている。しかし、パウロにとって今ここで肝心なのは、弱さのゆえに十字架につけられたキリストが私の内におられること。だから、今ここで弱くあることは、キリストに仕える使徒にとっての必然であるというのです（佐竹明『第二コリント書10―13章』新教出版社、２０１９年、533頁）。しかもそれはパウロ一人だけのことではなく、すべてのキリスト者に当てはまること。それゆえ、（私の弱さを批判する）あなたがたも自らを吟味し（ドキマゾー）、キリストがあなたがたの内におられることをしっかり理解しなさいと告げるのです。

この世的な価値観からすれば、あえて弱さに生きることは、弱虫キャラ、負け組キャラかもしれない。しかしそこにこそ、神の子として胸を張って誇れる品格がある。パウロはそう語るのです。

（中野　実）

19 キリストの神性

ローマの信徒への手紙9章5節後半

聖書協会共同訳　キリストは万物の上におられる方。神は永遠にほめたたえられる方、アーメン。

新共同訳　キリストは、万物の上におられる、永遠にほめたたえられる神、アーメン。

新改訳2017　キリストは万物の上にあり、とこしえにほむべき神です。アーメン。

聖書協会共同訳のこの箇所はサラッと読み過ごしてしまい、新共同訳からの変化に気がつかない場合が多いかもしれませんが、じつはここにキリスト理解に関わる重要な変更が見られます。新共同訳（明治元訳、大正訳、新改訳2017も同様）において「キリストは、万物の上におられる、永遠にほめたたえられる神」となっていたところが、今回「キリストは万物の上におられる方。神は永遠にほめたたえられる方」と変更されました。前者は〈キリスト＝神〉という構文によってキリストの神性が明示されていますが、後者は前半部分がキリストに関する言説で、後半部分が神に関する言説というふうに、キリストと神とについて二文に分けて述べられており、この箇所自体はキリストの神性を述べていません。

このように訳が異なる理由は、当該箇所で用いられる小辞＋分詞（ホ・オーン）が「キリスト」と「神」とを結ぶこともできれば、「キリスト」と「万物の上」とを結ぶこともできるからです。つまりギリシア語文法によっては、どちらの訳も不可能ではありません。

聖書協会共同訳の新たな訳が選ばれる理由としては、第一にパウロ書簡群において〈キリスト＝神〉という関係性が明示されている箇所を他に見出せないことが挙げられます。ローマの信徒への手紙9章5節後半でキリストが「万物の上におられる」のみならず直接「神」と結びつけられたとするなら、パウロにしてはキリスト論を著しく（「高いキリスト論」〈＝キリストを復活と高挙によって神と等しくなったと見るのではなく、初めから神と等しい存在と見るキリスト論〉へと）前進させた印象を与えます。ちなみに口語訳、フランシスコ会訳、岩波訳では、「万物の上におられる」をも「神」を説明する句と見なして訳しています（「肉によるとキリストも彼らから出た。万物の上におられる神は永遠に褒め称えられる」に準ずる訳）。

一方で新共同訳の解釈が選ばれる理由としては以下が考えられます。第一に当該箇所の語順は、パウロが「神は永遠にほめたたえられる（べき）方」という類の独立した頌栄表現を記す際の一般的な語順（ローマ1・25、Ⅱコリント11・31）と異なっています。さらに、独立した頌栄では「神」に冠詞がついているのが普通ですが、当該箇所には冠詞がありません。もっとも、パウロが他所では見られない進んだキリスト論を当該箇所で呈示することがまったく不可能というわけでもありません。当該箇所の直前で「肉によるキリスト」が述べられている（ローマ9・5前半）こととの対比で、「万物の上におられる神」としてのキリストが示されているとも考えられるでしょう。

　どちらかの訳を正しいと断言するには材料に欠けており、いずれの訳を支持する聖書学者も多数います。したがって聖書協会共同訳は、当該箇所の後半を独立した頌栄と見なして新たな訳を呈示していますが、脚注には新共同訳の解釈をも読者に提供しています。私たちはこのような箇所に遭遇した場合、三位一体という教会の教理――パウロを含めた新約聖書記者はこの教理を知らなかった――によって安易に一方の訳を選ぶという時代錯誤的な判断に安んじるのではなく、むしろ原始教会が〈キリストとは誰で、神とキリストとがいかなる関係にあったか〉という問題を模索した様子に思いを馳せるなら、二千年の時を超えて信仰の先達とともに「永遠にほめたたえられる神」を礼拝する豊かな機会を得ることになるでしょう（「㉗イエス・キリスト＝神？」参照）。

（浅野淳博）

20

「使徒たちの中で目立って」いる「ユニア」（女性）

ローマの信徒への手紙16章7節

聖書協会共同訳

私の同胞で、一緒に捕らわれの身となったことのある、アンドロニコとユニア[a]によろしく。この二人は使徒たちの間で評判がよく、私より前にキリストを信じる者となりました。

a　あるいは「ユニアス」

新共同訳

わたしの同胞で、一緒に捕らわれの身となったことのある、アンドロニコとユニアスによろしく。この二人は使徒たちの中で目立っており、わたしより前にキリストを信じる者になりました。

新改訳2017

私の同胞で私とともに投獄されたアンドロニコとユニア*によろしく。二人は使徒たちの間でよく知られており、また私より先にキリストにある者となりました。

＊別訳「ユニアス」（男性）

ここはパウロがローマ教会に宛てた手紙の最後で、教会に関係する様々な人たちに挨拶《あいさつ》を送っているところですが、翻訳上ふたつの論点があります。まず第一に、ここで新共同訳が「ユニアス」（男性）と訳していたところを、聖書協会共同訳と新改訳２０１７は「ユニア」（女性）と訳し、脚注に別訳として「ユニアス」を掲げています。そして第二に、新共同訳が「使徒たちの中で目立っており」と訳していたところを、聖書協会共同訳は「使徒たちの間で評判がよく」、新改訳２０１７は「使徒たちの間でよく知られており」と訳しています。新共同訳のように訳せば、アンドロニコとユニア（ないしユニアス）の2人は使徒となりますが、聖書協会共同訳、新改訳２０１７のように訳すと、必ずしも使徒とは限らないことになります。

新約聖書諸文書のギリシア語原典が書かれた当時は、まだ小文字の書体やアクセントの記号は発明されておらず、すべてが大文字のアルファベットのみで書かれていました。そこで一番古い時代の写本には大文字だけで、この名前のところはIOYNIANと書かれていました。古代のギリシア語のアクセントは日本語と似た音の高低によるピッチアクセントで、同じ音でもアクセントを変えると文法的に違う形になります。しかしラテン語やシリア語、コプト語といった古代語訳も、オリゲネス、ヒエロニムス、クリュソストモスといった教会教父たちも皆、これをユーニ《高》アーン（IOYNÍAN）と読んで、女性の名前ユニアの目的を表す形（対格）と取っています。ユニアという女性名は、ユニウス家に属する女性を表すありふれたもので、解放奴隷に多く付けられ、特に1世紀ローマ周辺の墓碑銘によく見られるものです。9世紀に小文字でアクセント付きの写本が書かれるようになってからも、ユーニ《高》アーン（Ἰουνίαν）という読み方は変わりませんでした。

ところが、13世紀末にローマのエギディウスという人がこの箇所の2人を「これらの賞賛すべき男たち」と述べ、16世紀初めに人文主義者ルフェーヴル・デターペルがラテン語訳 Iouniam は男性名ユニアス Iounias の対格形であると説明すると、この影響を受けたマルティン・ルターが1522年に出した新約聖書のドイツ語訳で、これを den Junian「（男性）ユニアス」と訳しました。ルターが底本としたエラスムス校訂のギリシア語原典には、女性ユーニ《高》アーン（Ἰουνίαν）と書いてあったのにです。ルター訳が与えたインパクトは絶大で、これ以降様々な注解書や翻訳でここは男性ユニアスであると解釈されるようになっていきます。そして17世紀にはヤン・グルーターという文献学者がユニアスはユニアーヌス（Iounianus）の短縮形であるという説を唱え、18世紀半ばにはこの説が広まりました。この場合、ΙΟΥΝΙΑΝ はユーニア《高》ー《低》ン（ΙΟΥΝΙΑ͂Ν）と読んで、男性名ユーニア《高》ー《低》ス（Ἰουνιᾶς）の目的を表す形（対格 Ἰουνιᾶν）だと主張されます。しかし、ベルナデッテ・ブローテンという女性の聖書学者が1977年に、新約聖書のあらゆる写本、古代語訳、教会教父たちの証言、それに碑文資料の証拠を徹底的に調べ上げた結果、ユーニア《高》ー《低》ス（Ἰουνιᾶς）という名前は古代には典拠が見当たらず、存在しなかったことが明らかとなりました。これは男性の学者たちがでっち上げた、あり得ない名前だったのです。

さて、日本語訳は最初の明治元訳「ジユニヤ」も、その前後に出た個人訳も、ベッテルハイム琉球語訳「ヨ子ヤ」、N・ブラウン訳「ゆにや」、ヘボン・ローマ字訳「Junia」と皆、女性ユニアの訳になっていました。これはおそらく、「如尼亜（Junia）」「主尼亜（Jyunia）」「猶尼亜（Younia）」といった漢訳聖書にならったもので（順に、ポアロ『古新聖經』、モリソン『新遺詔書』、ブリッジマン／カルバートソン『新約全書』）、全体としてラテン語訳ヴルガタやKJVの影響が強いと思われます。ヴルガタを底本としたラゲ訳も「ユニア」でした。ところが、大正改訳は'Iουνιαν となっているウェストコット／ホートの校訂版（1881年）を底本としたにもかかわらず、おそらくRV（1881年）の影響を受けて、「ユニア」を「ユニアス」に変更してしまいました。その後は、口語訳、新改訳（初版～第3版）、新共同訳、そして様々な個人訳でも「ユニアス」一辺倒となりました。これには底本となっていたネストレ第13版（1927年）からネストレ＝アーラント第27版4刷（1996年）まで、そして世界聖書協会連盟第4版2刷（1994年）までのギリシア語新約聖書が、この箇所にユーニア《高》ー《低》ン（'Iουνιᾶν）とアクセントを付けていたことが、大きく影響しています（その後1998年にいずれもユーニア《高》ーン「'Iουνίαν」と訂正）。しかし、岩波版青野《あおの》太潮《たしお》訳（1995年）が再び「ユニア」と訳すと、これが嚆矢《こうし》となって、フランシスコ会訳（2012年以降）、新改訳2017、聖書協会共同訳が続いています。こうして大正改訳以来続いていた「ユニアス」（男性）の誤りが、ようやく「ユニア」（女性）に正されました。なお、聖書協会共同訳も新改訳2017も脚注には「ユニアス（男性）」を別訳として挙げていますが、これは「誤訳」であると明記すべきでしょう。

第二の論点で、新共同訳が「使徒たちの中で目立っており」と訳していたところを、聖書協会共同訳が「……の間で評判がよく」、新改訳２０１７が「……の間でよく知られており」としてしまったのは残念な後退です。原典のギリシア語の形容詞エピセーモスは「印が付いている」というのが元の意味で、そこから、比喩的に「目立っている」「評判が良い」「有名な」「悪名高い」という意味の広がりがあります。しかし、この場面でパウロの推薦と挨拶が果たしている機能に照らすと、彼女はアンドロニコと並んで「使徒たちの中で目立っており」と訳すべきです。古代地中海世界は名誉を重んじる文化でしたから、ここで手紙の宛先であるローマ教会のメンバーが名誉ある使徒であるということに言及するのは、相手を称揚することになり、この当時の慣習に沿っています。また、パウロは他の使徒たちから自分が評価されることを嫌っていますから（ガラテヤ1・1、16〜19、2・6）、使徒が他の人のことを評価するような内容のことを言うとは考えにくく、「使徒たちの間で評判がよく」とか「……の間でよく知られており」という意味で書いているとは思えません。この曖昧な訳し方は、使徒に女性がいるはずがないという偏見のしつこさを示している、と言ったら言い過ぎになるでしょうか。

（須藤伊知郎）

21 第一コリント書簡の宛先

コリントの信徒への手紙一1章2節

聖書協会共同訳

コリントにある神の教会と、キリスト・イエスにあって聖なる者とされた人々、召された聖なる者たち、ならびに至るところで私たちの主イエス・キリストの名を呼び求めるすべての人々へ。イエス・キリストは、この人たちと私たちの主です。

新共同訳

コリントにある神の教会へ、すなわち、至るところでわたしたちの主イエス・キリストの名を呼び求めているすべての人と共に、キリスト・イエスによって聖なる者とされた人々、召されて聖なる者とされた人々へ。イエス・キリストは、この人たちとわたしたちの主であります。

新改訳2017

コリントにある神の教会へ。すなわち、いたるところで私たちの主イエス・キリストの名を呼び求めているすべての人とともに、キリスト・イエスにあって聖なる者とされ、聖徒として召された方々へ。主はそのすべての人の主であり、私たちの主です。

コリントの信徒への手紙一は、誰に宛てられた手紙なのでしょうか。名前の通り、コリントの教会が宛先に決まっている、と決めてかかれるほど単純でもないようです。

1章2節は、手紙の宛先として3つのグループを挙げています。

A　コリントにある神の教会
B　キリスト・イエスにあって聖なる者とされ、召された聖者たち
C　至るところで私たちの主イエス・キリストの名を呼んでいるすべての人々

原文ではこの3つが、A、BおよびC（英語で言えばA, B with C）という形で並べられています。

問題は、AとBの関係です。新共同訳は、AとBは同格、すなわち同じものを指していると考えて、間に「すなわち」という（原文にはない）接続詞を入れました。つまり「コリントにある神の教会」（A）とは、言い換えれば、「至るところでわたしたちの主イエス・キリストの名を呼び求めているすべての人（C）と共に、キリスト・イエスによって聖なる者とされた人々、召されて聖なる者とされた人々（B）」だというわけです。このように訳せば、実際の宛先は1つ（A）だけということになります。BはAの言い換えなのですから。これが正しければ、この手紙はまさしくコリントの教会（だけ）に宛てられた手紙です。この解釈はすでに大正改訳に見られますし、新改訳2017、さらに口語訳やフラ

ンシスコ会訳も同じ立場ですから、邦語聖書における主流になっていると言えるでしょう。

興味深いことに、明治元訳はまた違った読み方をしています。「コリントにある神の教會即ちキリスト・イエスに在りて潔《きよめ》られ召されて聖徒となれる者および彼等の處《ところ》にも我儕《われら》の處にも諸《すべての》處に於て我儕の主イエス・キリストの名を龥《よぶ》者」ですが、AとBは明らかに同格な一方、「および」で結びつけられているCと、先行するABとの関係がはっきりしません。その意味で、原文の不明瞭さに「忠実」とも言えます。ちなみに岩波訳も、Cの位置づけが「たしかではない」と注で述べています。

他方聖書協会共同訳は、AとBを並列、すなわち別の存在として捉えているばかりか、さらにCも独立したグループと見ています。つまり、ABCという3つの宛先が並べられているというわけです。

その場合、Bの「聖なる者とされた人々」は必ずしもコリント教会のメンバーとは限らなくなります。さらに、Cは「至るところ」の信者（礼拝などでイエス・キリストの名を呼ぶ人たち）ですから、パウロはこの手紙が最初からコリント教会を超えて、各地のキリスト教徒に広く読まれることを意図していたと考えることができます。つまり、この手紙に記されている内容は、コリント教会だけでなく、キリスト教会全体に広く当てはまるはずだとパウロが考えていたというわけです。

パウロ書簡が集められて、最初の宛先以外の場所で広く読まれるようになったのは、パウロの死後だと一般に考えられています。しかし、聖書協会共同訳の訳し方が正しければ、パウロ書簡は教会や信徒全般に当てはまる内容を語っているという、代々の教会がとってきた立場は、パウロ自身が示したものだと言えるでしょう。

新共同訳のように読んだ場合、ＢＣの部分が曖昧になり、構文もやや不自然に思われます。文の構造がよりすっきりしているのは、聖書協会共同訳の方ですが、Ｂが具体的に何を意味しているのかが（コリント教会の信徒？　それ以外も含む？）不明瞭な気もします。

コリントの信徒への手紙一には、コリント教会が抱えていた問題が反映しているということは間違いありません。しかし、パウロが与えている指示や勧めを、コリント教会だけに向けて書かれたものと考えるか、それとも、教会全般をも念頭に置いて書かれていると考えるかで、私たちの読み方も少なからず変わってくるように思えます。

（辻　学）

22 「兄弟たち」か「きょうだいたち」か

コリントの信徒への手紙一1章10節ほか

Iコリント1・10

聖書協会共同訳

さて、きょうだいたち、私たちの主イエス・キリストの名によってあなたがたにお願いします。

新共同訳

さて、兄弟たち、わたしたちの主イエス・キリストの名によってあなたがたに勧告します。

新改訳2017

さて、兄弟たち、私たちの主イエス・キリストの名によって、あなたがたにお願いします。

聖書協会共同訳の、とくに手紙の部分を読んでいると気づくのは、新共同訳が「兄弟」と訳していた語をひらがなで「きょうだい」としていることです（新改訳2017は「兄弟たち」。ちなみに、2013年に合本が刊行されたカトリックのフランシスコ会訳も「兄弟たち」です）。

パウロは手紙を受け取る教会の人々に対して「兄弟たち」と呼びかけます（Ⅰコリント1・10ほか多数）。原語はアデルフォイで、「兄弟」を表す男性名詞の複数形です。したがって、「兄弟たち」は直訳です。しかし、宛先教会には女性もいることをパウロは知っていたはずです（Ⅰコリント11・2以下など）。つまり、男女混合の集団に対してパウロは男性形の複数で呼びかけているわけですが、これはギリシア語の用法としてあり得ます。ただ、意味するところは男女両方なのであって、「兄弟たち」と訳してしまうと、女性がそこから排除されているように見えるという問題が、かねてから指摘されていました。

検討を重ねた末、聖書協会共同訳はひらがなで「きょうだい」と表記することにしました。この語自体は、男同士の関係に必ずしも限られません（姉と弟も「きょうだいげんか」をします）。「兄弟姉妹」と訳す案もありましたが、「姉妹」は原文にないため採用されなかったようです（ちなみに、アメリカのNRSVやドイツのルター訳2017年版などは「兄弟姉妹」と訳しています。イギリスのREBに至っては、「我が友人たち」ですが、こうなるともはや翻訳というより翻案でしょう。どうやら「兄弟たち」を避けるのは世界的な流れのようです）。

最初、ひらがな表記の「きょうだいたち」を見たときは、奇妙な感じがしましたし、正直言って今も違和感はあるのですが（自分自身が「きょうだい」というひらがな書きをしないからでしょう）、これは主観的なものなので、何度も見ているると次第に慣れてくるようには思います。

ただし、この試みが一貫していないのも事実です。相手の集団に女性が含まれていないと考えられる場合は従来どおり「兄弟」なのですが、それは内容の解釈によっているわけですから、判断が微妙な場合もあります。例えば使徒言行録15章1節の「兄弟たち」には女性が含まれていてもおかしくありません。同7節は、いわゆるエルサレム使徒会議におけるペトロの呼びかけですが、会議に女性は参加していなかったのでしょうか。また同23節は、会議の結果を受けてエルサレムからアンティオキア他に住む「兄弟たち」に送られた「使徒書簡」の宛先ですが、手紙の受取人が男性ばかりというのも不思議です。さらに、「兄弟愛」だと漢字なのに（ローマ12・10など）、「きょうだいを愛する」場合はひらがな（Ⅰペトロ3・8）というちぐはぐさも見られます。やるなら徹底して、解釈を交えることなく、すべてを「きょうだい」とするか、あるいは原文に忠実に「兄弟」と訳して、注や解説などで説明を加えることにしておけば、一貫性は保たれたでしょう。それでも、まだ不十分とはいえ、キリスト教の男性中心的な発想を克服するための試みとしてこれを評価すべきなのかもしれません。

古典文献としての聖書が持つ差別性はそのまま再現した上で聖書と向き合うのか、あるいは現代に生きる「神の言葉」として差別性を克服した翻訳にするのか、議論の広がりを期待したいところです。

（辻　学）

23 試練は「世の常」か

コリントの信徒への手紙一10章13節

聖書協会共同訳

あなたがたを襲った試練で、世の常[d]でないものはありません。神は真実な方です。あなたがたを耐えられないような試練に遭わせることはなさらず、試練と共に、それに耐えられるよう、逃れる道をも備えてくださいます。

d 直訳「人間的でない」

新共同訳

あなたがたを襲った試練で、人間として耐えられないようなものはなかったはずです。神は真実な方です。あなたがたを耐えられないような試練に遭わせることはなさらず、試練と共に、それに耐えられるよう、逃れる道をも備えていてくださいます。

新改訳2017

あなたがたが経験した試練はみな、人の知らないものではありません。神は真実な方です。あなたがたを耐えられない試練にあわせることはなさいません。むしろ、耐えられるように、試練とともに脱出の道も備えていてくださいます。

「私は、神様は乗り越えられない試練は与えない、自分に乗り越えられない壁はないと思っています」――池江璃花子《いけえりかこ》さん（公表当時18歳）が2019年2月、急性リンパ性白血病を発症したことをSNSで公表したときの言葉です。彼女は、2020年7～8月に開催が予定されていましたが、コロナ禍《か》で延期された東京オリンピックの競泳種目での活躍が大いに期待されていました。この聖書の言葉が、試練の中にある多くの人々を励ましてきたことが分かります。

　パウロの発言の最初の一文を直訳すると、「試練が君たちを捉えたことはない、人間的なものを除けば」となります。これを新共同訳は「あなたがたを襲った試練で、人間として耐えられないようなものはなかったはずです」と訳しました。「～を除けば」を「～はなかった」と訳すのはよいとして、「人間的なもの」を「人間として」に変え、後続する文から「耐えられる」を持ち込み、原文にない「～はず」まで補うのは、ちょっとやりすぎです。

　それを反省したのか聖書協会共同訳は、口語訳の「世の常でないものはありません」に戻しました。新改訳2017「人の知らないものではありません」と合わせて、人生に試練はつきものだという理解で諸訳は一致しています。しかし、こうまで訳語がばらけるのは、聖書協会共同訳が「世の常でない」の欄外注として「直訳『人間的でない』」と付記するように、原文の「人間的なもの（アントローピノス）」の意味がつかみにくいからです。こういうときは、直訳のままでもよかったでしょう。

　それにしても、文脈から見て「人間的」な試練とは何のことでしょうか。パウロの発言は、聖書協会共同訳が「偶像礼拝に対する警告」という小見出しをつける段落（Ⅰコリント10・1～22）に出ます。古代都市コリントで、異教祭儀は日常風景でした。異教的環境で暮らすキリスト者にとって、そうした祭儀に参加するという文化的な同化ないし同調圧力は、たしかに「世の常」だったと思います。もっとも、こうした具体的な文脈に即した理解は、「神様は乗り越えられない試練は与えない」という一般化する理解とは、自ずと異なります。

他方でパウロは、より直近の文脈（1～12節）で、エジプト脱出後のイスラエルが荒野で彷徨《ほうこう》したときの民族伝承から、大量死の事件をピックアップします。金の子牛を拝んだかどで多くの者が処刑された（出エジプト記32章）、バアル神を崇拝した者たちが「一日で二万三千人」殺された（民数記25章）、モーセに反逆した多くの者たちが炎の「蛇」に殺された（民数記21章）、不平を言う者たちが「滅ぼす者」によって殺戮《さつりく》された（民数記14章。さらに出エジプト記12・13と23参照）などです。彼らは総じて「悪をむさぼった」ために、「荒れ野で滅ぼされ」ました（5～6節）。これらのできごとは「私たちを戒めるため」（11節）に記録されており、その意味で「人間的」な試練の類例でしょう。

こうした社会史的な背景は、近隣の異教祭儀への参加という、なるほど人間らしい問題のようです。しかし、発言の文脈で想起されるできごとは、「悪をむさぼる」ことが原因で生じた、「世の常」と言うにはあまりに痛ましい大量死の数々です。したがって「人間的」な試練には、「人が引き起こす」というニュアンスが加わります。

さて、それでも試練を耐えられるよう、神が私たちに与えるとパウロの言う「逃れる道」（新共同訳、聖書協会共同訳）ないし「脱出の道」（新改訳２０１７）の原語はエクバシスです。岩波版『新約聖書』（２００４年）は、この語に「出口」という字義通りの訳語をあて、訳者である青野太潮《あおのたしお》氏は「試練を避けて通る『逃れ道』ではなく、試練の真只中を通っていったのちにそれを突き破っていく『出口』の意」と注記します。その通りと思います。

冒頭で引用した池江さんも過酷な治療を通り抜けて、２０２０年8月末に競技に復帰しました。このことは、私たちには大きな励ましです。

他方で現在、新型コロナウイルスのパンデミックが終息せず、多くの方々が亡くなり続けています。その「出口」は、まだよく見えません。感染症が大流行する背景には、都市部への人口集中やグローバルな移動があります。現代の社会システムが貧富の格差を広げ、環境破壊を後押ししているなら、それは「悪をむさぼる」ことでありうることに震撼《しんかん》させられます。

聖書の言葉は、文脈から離れて理解されてもかまいません。それでも原文の語義や文脈に注目することで、より深い同時代的な経験との響き合いの中で、新しい意味のつながりも見つかるだろうと思います。

（廣石　望）

24 欄外注の「起こされた」 コリントの信徒への手紙一15章4節

聖書協会共同訳　葬られたこと、また、聖書に書いてあるとおり三日目に復活[a]したこと

a　直訳「起こされた」

新共同訳　葬られたこと、また、聖書に書いてあるとおり三日目に復活したこと

新改訳2017　また、葬られたこと、また、聖書に書いてあるとおりに、三日目によみがえられたこと

原始キリスト教は、イエスの復活への信仰とともにスタートしました。イエスの復活に言及する、第一コリント書15章4節の聖書協会共同訳「復活した」に付された欄外注にご注目ください。

新共同訳と聖書協会共同訳がキリストは「復活した」、新改訳2017が「よみがえられた」と翻訳する箇所の原文は、ギリシア語動詞エゲイローの完了時制の受動態です。この動詞は「目覚めさせる」「起こす」を意味する日常語で、文脈によって「復活させる」「よみがえらせる」とも訳せます。ここで

は受動態ですので、正確には「起こされている」でしょうか。受動態であることを示すために、欄外注に、「直訳『起こされた』」という注記がなされました。明言されない動作主は「神」であり、「神がイエスを死者の中から復活させせられた」（ローマ10・9、聖書協会共同訳。原語は「起こした」）という意味です。

なぜ邦訳聖書は揃って、この受動表現を「復活する」「よみがえる」という自動詞で訳すのでしょうか。キリストは神だから自力で復活するという含みであるなら、「神によって死から起こされた」というつながりは見えなくなります。あるいは、「イエスが死んで復活された」（Iテサロニケ4・14、聖書協会共同訳。原語は「立ち上がった」）などの自動詞表現に合わせたのかもしれません。

さて、「復活」と聞いて私たちに思い浮かぶのは、西欧キリスト教絵画のキリスト復活や昇天の図像か、あるいは墓の中からゾンビがむっくり起き上がるホラー映画の場面くらいです。他方で、古代ユダヤ教の復活思想は長い時間をかけて準備され、比較的に遅い時期に明瞭なかたちをとるに至りました。

かいつまんで言うと、旧約聖書の最古層では、人は死んだら「先祖の列に加えられ」（創世記25・8）、その人の命も神との関係もそれで終わりという理解でした。しかし、やがて死者たちの国つまり「冥界」の観念が周辺世界からとり入れられ、後には神の力は冥界にも及ぶと考えられるようになります。そして、バビロニア捕囚（前6世紀）からの民族解放と再生への希望は、「私の民よ、私はあなたがたの墓を開き、あなたがたを墓から引き上げ、イスラエルの地に導き入れる」（エゼキエル書37・12）と、死からの再生のイメージで表現されました。さらにヘレニズム期の宗教迫害の時代（前2世紀）には、殉教者への永遠の命の約束が、「地の塵となって眠る人々の中から、多くの者が目覚める。ある者は永遠の命へと、またある者はそしりと永遠のとがめへと」（ダニエル書12・2）と、罪人に対する審判とワンセットで提示されます。後1世紀までには、死者の復活と最後の審判は万人の運命として、民族の境を超えて普遍的に理解されました。

復活思想は、複合的なイメージ群の連合です。そのことは復活（や昇天）をさす表現が、多様なイメージ言語であることに明らかです。例えば、神が「取る」「生かす」「立たせる」「（墓から）引き上げる」「起こす」、死者たちが「生き（返）る」「甦る」「目覚める」「（みもとに）引き寄せられる」「運び上げられる」「立ち上がる」などです。このことは新約聖書でも基本的に同じです。

生前のイエスも、当時のユダヤ教文化の終末期待を共有していました。どうやら彼は、天上界で始まった「神の国」の宴に（ルカ13・28～29）、アブラハムその他の族長たちが「天の御使い」のような存在になって参加しており（マルコ12・25～27）、やがて彼らは天使たちとして、審判の執行者である「人の子」に伴われて地上界に降臨し、世界全体から救われる者たちを「集める」一方で、万人は復活して「審判」に服する（マルコ8・38、13・26～27、ルカ11・31、12・8～9など）――と考えたようです。

原始キリスト教では、そうした一般期待が、イエスの身には具体的に実現したと信じられるようになりました。その直接的なきっかけは、弟子たちその他がイエスの処刑後に、生ける姿の彼と出会うという不思議な体験をしたことです（Ⅰコリント9・1「［私は］主イエスを見た」、15・4「［キリストは］見られた［＝現れた］」）。死せるイエスと生けるイエスの両方を体験した人々は、彼が冥界から地上界ないし天上界へと上昇したと推論し、この目に見えないできごとを神の創造的行為に帰しつつ、すでに伝統にあるイメージ言語を用いて「神がイエスを死者の中から起こした」と宣言したのでしょう。

これは、たまたまゾンビが出たという意味でなく、神が今ある世界に終わりをもたらし、すべてを新しくするプロセスが始まったというメッセージです。

ちなみに、第一コリント書15章3節以下の諸訳では、キリストが「死んだ」「葬られた」「復活した」「現れた」と過去形の動詞が4つ並んでいますが、原文では、先にふれたように「復活した」だけが完了形です。完了形は現在まで有効であり続ける事態を表現できます。すると、イエスの復活が過去へと過ぎ去ることのないできごととして、現在の信仰にとっての現実根拠と理解されているのかもしれません。その意味で、欄外注の直訳は「起こされている」にすれば、もっとよかったと感じます。

（廣石　望）

25 「キリストにある」と新しい創造

コリントの信徒への手紙二5章17節

聖書協会共同訳　誰でもキリストにあるなら、その人は新しく造られた者です。
口語訳　だれでもキリストにあるならば、その人は新しく造られた者である。
共同訳　キリストと一致する人はだれでも、新しく創造された者なのです。
新共同訳　キリストと結ばれる人はだれでも、新しく創造された者なのです。
新改訳2017　だれでもキリストのうちにあるなら、その人は新しく造られた者です。

パウロの手紙には、英語の in Christ に当たるギリシア語「エン・クリストー」が頻出します。第二コリント書5章17節は、クリスチャンとはどのような存在かを述べる一文として有名ですが、ここにもエン・クリストーが出ます。まず、エン・クリストーが含まれる前半がどのように訳されているかを、見ていきましょう。

かつて口語訳は「だれでもキリストにあるならば」と訳しましたが、新共同訳に先立つ共同訳では「キリストと一致する人はだれでも」に変わりました。それが新共同訳では、さらに「キリストと結ばれる人はだれでも」になりました。今回出版された聖書協会共同訳の「誰でもキリストにあるなら」は、口語訳に戻したかたちです。他方、新改訳2017は「だれでもキリストのうちにあるなら」です（新改訳第3版〔2003年〕も同じ）。英語の in に当たるギリシア語の前置詞エンの意味が多様に解釈され、それが日本語訳に反映されてきたことが分かります。

共同訳の「〜と一致する」では、キリストと私とで、おそらく価値観や意見ないし行動様式の一致することが、次に新共同訳「〜と結ばれる」ではキリストと私の人格的な結合ないし（神秘的な）合一が、そして聖書協会共同訳（口語訳に同じ）の「〜にある」ではキリストという領域における信仰者の現実が、それぞれ考えられているように感じます。新改訳2017（新改訳第3版〔2003年〕に同じ）の「〜のうちにある」は、「〜にある」の強調です。

このうち「一致する」と「結ばれる」は、キリストと私という二つの独立した人格を想定し、その関係がどうであるかをそれぞれに説明します。他方「キリスト（のうち）にある」ではキリストは、ギリシア語の原文通りに、まず何よりも場です。それはおそらく、イエスを復活させた聖霊の働く場です。だからこそ、その働きの中にある者は「新しく造られた者」になります。ですから原文どおり、場の意味が出るように訳すのがよいです。

その際、このエン・クリストーがたんに「クリスチャン」という意味でないことは、パウロの次の言葉からわかります。「生きているのは、もはや私ではありません。キリストが私の内に生きておられるのです」（ガラテヤ2・20、聖書協会共同訳）。「キリストにある」とは、私がキリストの中にいるというだけでなく、同時にキリストは私の内にいます、ということなのです。これはキリスト者の自覚の極意ではないでしょうか。このあたりの詳細について、八木誠一『イエスの宗教』（岩波書店、２００９年）に洞察に満ちた考察があります。

以上につなげて、節の後半について、聖書協会共同訳で「別訳」としても注記されていない、もうひとつの読み方をこっそりご紹介します。

聖書協会共同訳の「その人は新しく造られた者です」という文章はふつう、ボーン・アゲインと呼ばれる回心ないし再生体験のように、信仰をもつことで個人として新しい人格になった、私は生まれ変わったという意味に理解されると思います。また、新改訳２０１７の「だれでもキリストのうちにあるなら」につなげて、信仰告白する者たちが教会共同体を形成し、そのインサイダーたちは特別な存在である、と教会論的に読むこともあるでしょう。

ところが、この箇所のギリシア語原文は「新しい創造」（単数主格形）とあるだけで、動詞はありません。「その人は〜です」は原文にない翻訳上の補いで、前半の主語「キリストにある人」が継続しており、「新しい創造」はその述語（補語）であるという文法理解に基づきます。

　これに対して、もうひとつの可能な読み方は、「新しい創造」を独立した主語ととり、「〜がある」「〜が生じた」などの述語（動詞）を補うやり方です。ギリシア語名詞クティシスは、まずは神の「創造（行為）」の意です。文脈しだいで、その結果である「被造界」も意味しますが、その場合も個人や特定の共同体というより、まずは人類ないし世界全体に関わります。つまり「新しい創造がある（／生じた）」と訳せば（NRSV：there is a new creation を参照）、この発言のポイントは、終末論的な新しい世界の出現にあります。全体のつながりは、「もし誰かがキリストにあるのなら、新しい創造が生じたのだ」となるでしょう。

　いずれにせよキリストにある人とは、キリストの復活を通して、神が創造する新しい「世界」の開始に巻き込まれた、またそのできごとを体現する存在です。この読み方は、少なくとも直後の「古いものは過ぎ去り、まさに新しいものが生じたのです」（17節の続き、聖書協会共同訳）に、とても滑らかにつながります。後半を「その人は新しく造られた者です」と訳す場合も、神の創造行為とのつながりが意識されることが望ましいでしょう。

　はたしてキリストは個人としての「人格」なのか、それともまず「場」なのか、また信仰者は「個人」ないし「共同体」としての人格なのか、それともまず神による新しい「世界」の創造に属するのか。――聖書を訳すとき、また訳されたものを読むとき、どちらの場合も、聖書と私たちの理解の地平の違い、ないし私たちが無意識のうちに前提してかかっている常識が問われます。

（廣石　望）

26

私たちが義とされる要件

ガラテヤの信徒への手紙2章16節

聖書協会共同訳

しかし、人が義とされるのは、律法の行いによるのではなく、ただイエス・キリストの真実によるのだということを知って、私たちもキリスト・イエスを信じました。これは、律法の行いによってではなく、キリストの真実によって義としていただくためです。

新共同訳

けれども、人は律法の実行ではなく、ただイエス・キリストへの信仰によって義とされると知って、わたしたちもキリスト・イエスを信じました。これは、律法の実行ではなく、キリストへの信仰によって義としていただくためでした。

新改訳2017

しかし、人は律法を行うことによってではなく、ただイエス・キリストを信じることによって義と認められると知って、私たちもキリスト・イエスを信じました。律法を行うことによってではなく、キリストを信じることによって義と認められるためです。

「義とされる」とは一般に、神と良い関係を持つ者とされることです。ガラテヤの信徒への手紙2章16節は従来「キリストへの信仰により義とされる」と訳されてきましたが（明治元訳以降、大正訳、口語訳、フランシスコ会訳、岩波訳、新改訳2017ともに「〔信ずる〕信仰」に準ずる訳語）、聖書協会共同訳では「義とされるのは……キリストの真実による」となっています。私たちが義とされるのは、キリストを信じるから（前者）でしょうか、あるいはキリストが十字架で真実――つまり神への誠実さ――を示したから（後者）でしょうか。この問いは、キリスト者の在り方の本質に関わる問題です。

このように翻訳へ変更が加わったことには二つの事情が関わっています。一つは、これまで「信仰」と訳されてきたピスティスというギリシア語が「真実／誠実さ」とも十分に訳し得るという事情です。この語は本来、人と人、あるいは人と神との関係性を築き、維持するのに不可欠な要素――つまり信頼性――を指します。そしてこの語は、信頼性を態度で示す「信仰（信頼）」、あるいは信頼性の根拠となる「誠実さ（真実）」の両方の意味を持っています。著者がどちらの意味を念頭に置いて用いているかは文脈によって判断されます。例えばガラテヤ書3章9節では「アブラハム」が神の言葉に信頼を置くという文脈でピスティスが用いられているので、この場合は「真実」でなく「信仰」と訳すのが適切でしょう。

もう一つは、これまで「キリストへの」と訳されてきたクリストゥーというギリシア語が文字どおりには「キリストの」であるという事情です。ギリシア語文法には「格」という概念がありますが、これは日本語文法での助詞である「てにをは」のような機能を果たしています。クリストゥーは、本来の「クリストス（キリスト）」という名詞に格変化が起こって属格という格の形になったものです。属格の「クリストゥー」が「ピスティス」につながる場合、「キリストのピスティス」とも「キリストへのピスティス」とも訳すことができます。この場合も、どちらの意味をとるかは文脈によって判断されます。

私はガラテヤ書2章16節については「キリストの真実（信頼性）」に軍配を上げます。十字架に象徴されるイエス・キリストの在り方――十字架に至るまで神へ誠実を尽くして人に仕えたその生き様（フィリピ2・7～8参照）――が人を神との和解へと向けるからです（ローマ5・10参照）。もっとも私たちが、キリストとの信頼関係――信じること――をとおして神との和解という義の状態に至ることも確かです。ですからこの場合に「キリストの真実（誠実さ）」という解釈を選択したとしても、それは「キリストへの信仰」を軽んずることにはなりません。それは「キリストへの信仰」という解釈を選択したとしても、キリストの十字架が象徴する「真実（誠実さ）」を軽んずることにならないのと同じです。

もしかしたらパウロは、どちらの意味とも訳し得る「ピスティス・クリストゥー」という表現を用いることによって、読者が信仰の営みの両側面の重要さを強く心に留めるよう促しているのかもしれません。いずれの訳でも、キリストと私たちの信頼関係（ピスティス）が信仰生活の鍵であることに違いはありません（拙稿「信頼性／信仰とキリスト」『ガラテヤ書簡』NTJ新約聖書注解、日本キリスト教団出版局、2017年、232～237頁参照）。

（浅野淳博）

27 イエス・キリスト＝神？

テトスへの手紙2章13節

聖書協会共同訳	大[a]いなる神であり、私たちの救い主であるイエス・キリストの栄光の現れ a 別訳「大いなる神と、私たちの救い主イエス・キリスト」
新共同訳	偉大なる神であり、わたしたちの救い主であるイエス・キリストの栄光の現れ
新改訳2017	大いなる神であり私たちの救い主であるイエス・キリストの、栄光ある現れ

「⑲キリストの神性」では、ローマの信徒への手紙9章5節後半を取り上げ、パウロが「キリスト＝神」と述べているかどうかで翻訳が分かれていることを見ました。この項は、いわばその続きです。パウロ以降に書かれた文書では、このキリスト理解はどうなっていったのでしょうか。

イエス・キリストは神なのか人なのかという問いは、古代キリスト教における大きな神学的議論の対象でした。それはやがて、キリスト両性論や三位一体論へと結びついていくわけですが、その問いについて新約聖書から得られる答えがどうもはっきりしないというのも、論争を呼ぶ一因だったように思われます。

テトスへの手紙2章13節では、イエス・キリストが「偉大なる神であり、わたしたちの救い主」（新共同訳）と呼ばれており、この箇所からは、イエス・キリストが神と見なされていることが見て取れます。これは、聖書協会共同訳も新改訳2017も基本的に同じです。テトスへの手紙が、2世紀前半という、比較的遅い時期に書かれた文書であることを考えると、そのような理解が見られることは不思議でないように思われます（テトスへの手紙は、パウロの名前を借りた後代の作品です*）。イエス・キリストを神とする考え方は、ほかにヨハネ福音書1章1節、ヘブライ書1章8～9節、また使徒教父のイグナティオスが書いたローマ宛書簡3章3節など、ほぼ同じ時期に書かれた文書にも現れるからです。

しかし、テトス書2章13節の場合はそれほど単純でもないようです。聖書協会共同訳はこの箇所に注をつけ、別訳として「大いなる神と、私たちの救い主イエス・キリスト」、すなわち神とイエス・キリストを別存在とする訳し方も可能であることを示しています。

この箇所は、文の構造がはっきりしません。「栄光の現れ」の後ろに属格名詞（「～の」）が並ぶのですが、直訳すれば、「大いなる神の、そして私たちの救い主の、イエス・キリストの」となりますが、「大いなる神の」の前にしか定冠詞がないので、「大いなる神」から後ろは全部その定冠詞につながった一つのものだと考えることができるわけです。すると、イエス・キリストは「大いなる神」と同一の存在ということになります。しかし、定冠詞の有無だけでは決定的とは言えないので（2つ以上の名詞が「と kai」でつながる場合、性と格が同じであれば、2つ目以降の名詞に本来つくはずの冠詞が省略される場合もあります）、聖書協会共同訳が注で示しているように、「大いなる神」と「私たちの救い主イエス・キリスト」とを別々の存在として訳すことも不可能ではありませんし、直前の11節では「神」が明らかに（父なる）神を指しているので、やはり両者は別だと考える方が文脈的には自然な感じがします。それとも、父なる神もイエス・キリストも、どちらも神だということなのでしょうか。（このような問題があることに気づくのは、聖書協会共同訳が注で別訳の可能性を示してくれているからであり、新共同訳や新改訳2017だと素通りしてしまいます。この箇所も、注が聖書の読みを豊かにしてくれることの良い例です。）

テトス書2章13節の場合はまだ、3つの翻訳が一応揃った訳し方をしていますが（他の邦訳聖書も同じです）、第二ペトロ書1章1節の場合は、訳が分かれます。新共同訳が「わたしたちの神と救い主イエス・キリストの義」と訳しているところを、聖書協会共同訳は「私たちの神であり救い主であるイエス・キリストの義」としており、ここでもイエス・キリストを神と見なすかどうかが問題になります（新改訳2017は聖書協会共同訳と同じ）。ここでもやはり、定冠詞が「私たちの神」の前にしかないので、続く「救い主イエス・キリスト」までがひとまとめだと考えることができますが、新共同訳のように両者を別の存在と見なすことも可能ではあります。

この箇所の場合は、直後の3節で「彼（イエス・キリスト）の神的な力」と言われているので、イエス・キリストが神と見なされていると考えて良いように思います（聖書協会共同訳の「ご自身の神としての力」は少々訳しすぎの感はありますが）。

新約聖書全体としては、イエスを神と見なす方向にキリスト教信仰は進んでいると言えますが、ここに挙げた箇所ではそのように訳して良いかどうか、迷うところです。

＊ 拙稿「牧会書簡」、大貫隆・山内眞監修『新版 総説 新約聖書』日本キリスト教団出版局、2003年、321～327頁。

（辻 学）

28 救いの「実質」に堅く立つ

ヘブライ人への手紙11章1節

聖書協会共同訳　信仰とは、望んでいる事柄の実質であって、見えないものを確証するものです。

新共同訳　信仰とは、望んでいる事柄を確信し、見えない事実を確認することです。

新改訳2017　さて、信仰は、望んでいることを保証*し、目に見えないものを確信させるものです。

*別訳「の実体であり」

ヘブライ人への手紙11章1節は非常に有名な聖書箇所です。新翻訳『聖書協会共同訳』ではこうなっています。「信仰とは、望んでいる事柄の実質であって、見えないものを確証するものです」。ここで注目すべきなのは、従来の翻訳では「確信」と訳されていた部分が、「実質」となっている点です。

この部分の元のギリシア語はヒュポスタシスという名詞で、「下に（ヒュポ）立つもの（スタシス）」という意味です。この語源に由来する多様な意味合いで、しかも広い文脈において用いられてきました。

例えば、（建物の）基礎、土台という基本的な意味合いをはじめ、現実、本質、実質といった哲学的な意味合い、さらには背後で堅く現実を支えるものとしての約束、計画、誓い、権利証書、手付金という意味にまで拡大されて用いられました。

しかし、このヒュポスタシスという語を「確信」と訳す慣習は古く16世紀にまでさかのぼります。宗教改革者ルターは、メランヒトンからの影響で、聖書翻訳の際、ヒュポスタシスを「確信」（ドイツ語でZuversicht）と訳したのです。それに基づいて、日本語訳では文語訳から新共同訳に至るまで「確信」と訳されてきました。しかし、最近の聖書学者たちは文献学的根拠に欠けるという理由から、心の中の主観的な「確信」という翻訳を避け、むしろ「実質」「実体」「現実」「堅固さ」「確かさ」などという、より客観的な意味合いの翻訳を採用することが多くなりました。そのような新しい傾向を受けとめて、聖書協会共同訳では「実質」という訳が採用されたと思われます。

実は、ヒュポスタシスという語はヘブライ書で3回用いられています。1つ目は1章3節で、「神の本質の現れ」（聖書協会共同訳）の「本質」がそれです。同じ言葉ですから、11章1節にそろえて「実質」にしてもらえれば、さらに良かったと思います。また「現れ」はかなりの意訳で、本来は「刻まれたもの」の意味です。ですから、「神の実質の刻まれたもの」と訳してほしかったと思います。つまり、ヘブライ書によれば、御子（＝イエス・キリスト）は神の実質、神が真に神であられる実質が刻まれた方だというのです。

2つ目は3章14節です。「初めの確信を終わりまでしっかりと保つなら」の部分の「確信」がそれです。ここは相変わらず「確信」のままです。この箇所は救いの完成へと向かうキリスト者たちの信仰の歩みがテーマとなっています。しかし「初めの確信」と訳してしまうと、入信したばかりの頃に持っていたあの熱い気持ちを持ち続けなさい、といった意味に誤解されてしまうように思います。ここで言われているのはそういうことではありません。「初めの確信」の部分は文字通りには「ヒュポスタシスの始まり」です。ここでも「実質」という訳が適当と思われます。直訳すると、「実質の始まり（あるいは「初めの実質」）を終わりまでしっかり保つなら」となります。ここで多少の説明が必要でしょう。ヘブライ書によれば、御子イエスは救いの創始者（2・10）、信仰の創始者、完成者（12・2）です。ですから、ここで言われているのは、その方によって始められた救いの実質（確かさ）にしっかり終わりまで堅く立っていなさい、という勧告なのです。この用例では、イエスによって始められた救いの実質（現実）という客観的側面と、それに堅く立つという主体的な側面が興味深く結びついているように思います。

以上の箇所をふまえながら、3つ目の箇所、11章1節に注目したいと思います。それによれば、信仰（ピスティス）とは望んでいる事柄（直訳「望まれていること」）の「実質（ヒュポスタシス）」だというのです。ヘブライ書によれば、憐れみ深く真実な（ピストス）大祭司であられるキリストによってすでに神の民（＝キリスト者、教会）の救いは成し遂げられ、救いの現実が神の民において始まっています。しかし神の民は救いの完成への途上をなお歩んでいることも事実です。そういう意味で、救いは「望んでいる事柄」であり、まだ「見えないもの」なのです。「望んでいる事柄」である救いはまだ目に見える現実にはなっていない。しかし、すでに実質をもってあらわれている現実があり、それが私たちに与えられている「信仰（ピスティス）」だ、というのです。信仰によって神との信頼関係に生きることとは、望んでいる救いの実質のうちにすでに堅く立っていること（ヒュポスタシス）を意味するのです。信仰とは、私たちの心の中の主観的な「確信」にとどまらず、より客観的な救いの「実質」に堅く立つ主体的な生き方全体を意味する言葉なのです。

（中野　実）

29

神による罪の贖《あがな》いか、神の怒りの宥《なだ》めか

ヨハネの手紙一2章2節、4章10節

Iヨハネ2・2

聖書協会共同訳

この方こそ、私たちの罪、いや、私たちの罪だけではなく、全世界の罪のための宥《なだ》めの献げ物です。

新共同訳

この方こそ、わたしたちの罪、いや、わたしたちの罪ばかりでなく、全世界の罪を償ういけにえです。

新改訳2017

この方こそ、私たちの罪のための、いや、私たちの罪だけでなく、世全体の罪のための宥めのささげ物です。

Iヨハネ4・10

聖書協会共同訳　神が私たちを愛し、私たちの罪のために、宥めの献げ物として御子をお遣わしになりました。

新共同訳　神がわたしたちを愛して、わたしたちの罪を償ういけにえとして、御子をお遣わしになりました。

新改訳2017　神が私たちを愛し、私たちの罪のために、宥めのささげ物としての御子を遣わされました。

ここで注目したいのは、ヨハネの手紙一2章2節および4章10節に用いられている「ヒラスモス」という名詞です。その語は、新共同訳では「（罪を）償ういけにえ」でしたが、新翻訳『聖書協会共同訳』では「宥《なだ》めの献げ物」と訳されました。ちなみに、新改訳2017でも「宥めのささげ物」です。

第一ヨハネ書2章2節も4章10節も、神が御子イエス・キリストを通して成し遂げてくださった救いの業について語られている箇所です。イエスの復活後に誕生した原始キリスト教会は、その復活の光のもとであの悲惨なイエスの死（十字架）を見直し、その死のただ中に神ご自身の救いの業を発見し、この新しい洞察に基づいて、イエスの死において一体どのような救いの業が実現したのか、多様なイメージ（メタファー、隠喩）を用いて表現しました。中でも神殿祭儀、そこで献げられる犠牲というイメージが多く用いられました。

　古代のユダヤ教、キリスト教のみならず、古代のどの文化、どの社会においても、神殿祭儀と神（々）に献げられる犠牲は大切な役割を果たしました。人間の過ちなど、何らかの理由で神（々）との関係が壊れてしまった時、人間は神（々）の怒りを宥めるために（神殿などにおいて）犠牲（＝贈り物）を献げたのです。ここで注目している「ヒラスモス」という名詞、あるいは同じ「ヒラス〜」語幹からできている関連語（例えば、ヒラスコマイという動詞）は、神々の怒りを「宥める」という意味で古典ギリシア語の世界では知られていた言葉です。そのような本来的意味合いからすれば、「ヒラスモス」は聖書協会共同訳や新改訳２０１７のように、「宥めの供え物」と翻訳するのが適当と思われます。

　しかし、それが旧約聖書、古代ユダヤ教、原始キリスト教においても適切な翻訳かというと、疑問が湧いてきます。旧約以来、ユダヤ教、キリスト教の伝統においては、神と人との関係を破壊する罪の問題を人間に先行して神ご自身が解決するために積極的に働き、罪を赦し、罪を取り除き（あるいは人間を罪の支配から解放し）、関係回復への道を備えてくださるという基本理解が見られます。そうだとすると、「宥め」という表現は避けた方が良いと思うのです。聖書が神の怒りについて真剣に語っていることは事実です。けれども、聖書の強調点は罪の問題解決に神ご自身が乗り出し、それを実現してくださるということにあり、人間が神の怒りを宥めることにポイントがあるのではありません。実際七十人訳

（旧約聖書のギリシア語訳）以来、「ヒラス～」語幹を持った語（名詞ヒラスモス、動詞ヒラスコマイなど）はしばしば神を主語として「罪を取り除く」「罪を赦す」という意味で用いられています。新約聖書においてその特徴はさらに際立っていると言えます。例えば、第一ヨハネ書4章10節では神が御子をヒラスモス、「罪を取り除くこと」（あるいは「そのための供え物」）としてお遣わしになったと語られており、神ご自身の業に強調点があります。

それでは、ヒラスモスを一体どう翻訳したら良いのでしょうか？ 新共同訳では「（罪を）償ういけにえ」となっていますが、「償い（のいけにえ）」も十分とは言えません。むしろ私は（これもまた限界のある翻訳であることを承知の上ですが）、神が主語となりうる「贖い」あるいは「贖いの供え物」という訳語を提案したいと思います。

関連語ヒラステーリオンは、聖書協会共同訳においても実際「贖いの座」と訳されています（「⑰イエスは『贖いの座』」参照、ローマ3・25、ヘブライ9・5。ただし、ローマ3・25では「宥めの献げ物」という別訳の注つきです）。さらにこの関連で注目したいのは、ヒラスコマイという動詞が用いられているヘブライ書2章17節で、御子イエスが憐れみ深く、神に忠実な大祭司として、人間の罪の問題を処理されたことが語られている箇所です。ここも「民の罪を宥めるために」（聖書協会共同訳。「罪を宥める」という日本語はおかしくないか？）ではなく、「民の罪を贖うために」と訳すことが妥当と思われます。

「贖い」か「宥め」かという議論に関しては、「ＮＴＪ新約聖書注解」から最近出版された三浦望さんの『第1、第2、第3ヨハネ書簡』（日本キリスト教団出版局、２０２０年、195～198頁）収録の「Ⅰヨハネの『贖い』ヒラスモス」の項目をぜひお読みください。

以下の関連箇所も参照。

ヘブライ2・17

聖書協会共同訳　それで、イエスは、……憐れみ深い、忠実な大祭司となって、民の罪を宥めるために、あらゆる点できょうだいたちと同じようにならなければなりませんでした。

新共同訳　それで、イエスは、……憐れみ深い、忠実な大祭司となって、民の罪を償うために、すべての点で兄弟たちと同じようにならねばならなかったのです。

新改訳２０１７　したがって、……あわれみ深い、忠実な大祭司となるために、イエスはすべての点で兄弟たちと同じようにならなければなりませんでした。それで民の罪の宥めがなされたのです。

（中野　実）

30 「異なる肉の欲」

ユダの手紙7節

聖書協会共同訳　異なる肉の欲[b]を追い求めた

b 「の欲」は補足

新共同訳　不自然な肉の欲の満足を追い求めた

新改訳2017　不自然な肉欲を追い求めた

「ユダの手紙」の著者は、教会に外から入り込んできた「不敬虔な者たち」（4節）に対する神の裁きを示すため、5〜7節で旧約から3つの例を挙げています。その3つ目は、「ソドムとゴモラ、またその周辺の町」に対する神の罰を（創世記19・4〜29）語っているのですが、罰の原因は、新共同訳では、これらの町が「みだらな行いにふけり、不自然な肉の欲の満足を追い求めた」ことだとされています。しかし、ギリシア語原語には「の満足」（フランシスコ会訳にもあり）にあたる語はなく、これは翻訳の範疇を超えているように思います。新改訳2017も、新共同訳とほぼ同じ訳文ですが、「の満足」はなく、「肉欲」（口語訳の影響かもしれません）としています。一方、聖書協会共同訳はこれを「異なる肉の欲を追い求めた」としました。そして欄外注で「の欲」が補足であることを示しています。つまり、「異なる肉を追い求めた」が直訳だというわけです（直訳にしなかったのは、新共同訳にできるだけ近づけるためでしょう）。

問題は、この表現が同性との性行為を指すと理解されてきたことにあります。岩波訳では、この箇所が「〈同性の〉異なる肉〈体〉を追い求めた」と敷衍して訳され、「普通には『不自然な肉の欲の満足』（新共同訳）、男同士の同性愛と考えられている」という訳註までつけられています。しかし、この手紙が書かれた紀元後1世紀後半から2世紀にかけては、ソドムと同性愛を結びつける考え方は一般的ではありませんでした（この解釈にひと役買ったのは、アウグスティヌス『神の国』のようです）。

新共同訳と新改訳２０１７の「不自然な」という意訳は、この箇所を同性愛への言及と捉えた上、さらにそれが「不自然」だという偏見も手伝って生まれたものと見られます。「異なる肉を追い求める」という表現自体は、なんら同性愛を示唆するものではないので、きっと「ソドム」からの連想で生まれた解釈なのでしょう（英語の「ソドミー sodomy」は男色を意味し得ます）。

聖書協会共同訳の「異なる肉の欲を追い求めた」は、同性愛差別に根づいたこの誤訳を修正したという意味で大いに評価できる訳だと思います。

この表現を、天使の（人間とは異なる）肉体との性行為、あるいは偶像崇拝の比喩として捉える解釈もありますが、同性愛という解釈と同じく、いずれもユダの手紙が書かれた時代には広まっておらず、手紙の読者がそのような意味合いをただちにこの箇所から読み取れたとは考えにくいように思います。（天使との性交という解釈は、筆者も『新共同訳 新約聖書略解』*では採用していました。）

「異なる肉」（ないし「別の肉」）とはおそらく、他の人間の肉体というほどの意味と考えられます。ソドムとゴモラおよび周辺の町にいた人々が、神を求めずに他人の肉体を求めて性的放埒《ほうらつ》に身を委ねていたということが、神による裁きの原因だったというのです。「淫《みだ》らな行いにふけり」と訳されている語は、直訳すれば「姦淫する」ですから、この人々が非難されるのは、その姦淫のゆえでしょう。

新共同訳は8節で、「この夢想家たちも、身を汚し」としていますが、「身」は7節の「肉」と同じ「サルクス」であり、違う訳語を充《あ》てては、つながりがわからなくなってしまいます。聖書協会共同訳はこの点も修正し、「夢想家たちも……肉を汚し」と正しく訳しました。8節の「肉」は人間の肉体を指していると見て間違いありませんから、そのつながりから考えても、7節の「異なる肉」は他人の肉体だということになるでしょう。

この箇所を明治元訳は「男色を行ふにより」と訳していました。つまり、同性との性交を意味しているという誤解は明治時代から聖書翻訳を支配していたわけです（なお大正改訳は「背倫の肉慾」と訳し変えています）。その誤解を正した聖書協会共同訳の訳文は高く評価できると思います。

（辻　学）

＊ 拙稿「ユダの手紙」、山内眞監修『新共同訳 新約聖書略解』日本キリスト教団出版局、2000年、726頁。

31 異とは何か

マタイ1・18

聖書協会共同訳　イエス・キリストの誕生[b]の次第はこうであった。　b 異による。別訳「創生」

聖書協会共同訳の欄外注を見ていると、ときどき異という記号が出てきます。新約ではいきなり最初のページ、マタイによる福音書1章18節「イエス・キリストの誕生」の「誕生」にbという注番号が付され、欄外を見ると「異による。別訳『創生』」と記されています。

この箇所は、新共同訳も新改訳2017も「誕生」と訳しているので、この注がついていなければ、何の疑問も持たずに通り過ぎてしまうでしょう。聖書協会共同訳も、パイロット版[*1]では注なしで「誕生」としていました。それにもかかわらず最終版で異を入れたのは、良心的な措置だと思います。

異という記号は、「異読」、すなわち底本が採用したのとは「異なる読み」を表します（「読み」とはこの場合、聖書の写本にどう書かれているかということです）。新約聖書の写本は非常に数が多く、その分、写字生による無意識の書き誤り、あるいは意図的な改変から生じた「異読」もたくさん存在します。「異読」とは、本文に採用されたのとは違う単語が使われていたり、綴りが違ったり、あるいは単語が増えたり減ったりしている場合を指します。そのような異読を相互に比較検討して、もっとも原本に近いと考えられる本文を再構成したものを「校訂本」と言います。翻訳は、この校訂本に基づいてなされています。

新約の場合、聖書協会共同訳は『ギリシア語新約聖書（第5版）』（ドイツ聖書協会）が示す本文を底本として翻訳していますが、箇所によっては、この校訂本が採用しているのとは違う読み、すなわち「異読」が本文に採用されている場合があります。また、2つ（以上）の読みがあり、優劣がつけがたい（どちらが元来のものか、判断が難しい）場合は、本文に採用しなかった方を欄外注で異として示すことになります。さらに、二次的な改変とは思われるが、何らかの理由で重要な読みである場合、あえて欄外注に示すということもあります。その場合も異が用いられます。（異読について詳しくは、『新約聖書解釈の手引き』第1章「本文批評」をご覧ください。*2）

新約聖書の本文は、オリジナルが確定できない場合が多いので、このような形で異を示すことが避けられません。したがって、聖書協会共同訳が、注なしという日本語聖書の伝統を乗り越えて、異を示すようになったことには大きな意義があります（から、欄外注のついていない「スタンダード版」はお勧めできません。注のついたものこそが「スタンダード」であるべきなのです。ついていないものは、せいぜい

「簡略版」でしょう)。

冒頭の箇所に戻ると、「誕生」が異だというのは、底本が採用している「ゲネシスgenesis」ではなく、「ゲンネーシスgennēsis」という読みを訳しているからです。後者であれば「誕生」で間違いありませんが、前者は、「誕生」というよりもむしろ、欄外注にあるように「創生」あるいは(田川訳のように)「生成」と訳す方がぴったりきます(ただし1・1の欄外注では、同じ語の訳でありながら、「創成」となっています。これについては「①『イエス・キリストの系図』」を見てください。ちなみに田川訳は、ゲネシスを1節では「創成」、18節では「生成」と訳し分けています)。面白いのは、新共同訳も聖書協会共同訳と同じ底本(ただし修正第3版)を使い、同じ語を訳しているはずなのに、「誕生」となっていることです。新共同訳には欄外注がないために、このあたりの事情も説明されないまま、訳者の判断が読者に押しつけられてしまっているわけです。

本当は、なぜ聖書協会共同訳が「ゲンネーシス」=「誕生」という読みを採ったのかが知りたいところです。もし、その方が文脈に合っていて訳しやすいということなら、それが二次的な改変である可能性が高いからです。「ゲンネーシス」の方がより古い本文だと考える場合は、なぜ「ゲネシス」=「創生」という読みが後から生まれたかを説明できないといけません。そのような事柄を説明してくれる注解書の発行が望まれます。

聖書協会共同訳をこれから買うなら、重くて、少し値段も張りますが、せっかくですから引照・注付きの版にするのが良いと思います。そして欄外注を眺めてみてください。聖書が書かれてから私たちの手に届くまでの長い年月がそこに映し出されています。「神の言葉」が、限界や誤りを抱えた人間の言葉として記され、様々な異読を生み出しながら今日まで伝えられてきたという事実は、私たちを聖書の誤った「絶対化」から解き放ってくれると同時に、より適切な理解へと駆り立てることでしょう。注も活用しながら、できるかぎり正確な翻訳を志すのもその大事な一部です。

＊1　最終訳文を決める前の段階で、読者の意見を募るため試験的に公開された版。２０１５年12月から２０１８年1月まで48分冊で発行された。

＊2　浅野淳博ほか『新約聖書解釈の手引き』日本キリスト教団出版局、２０１６年、20～53頁。

（辻　学）

共著者紹介（50音順）

浅野淳博（あさの・あつひろ）

1960年、島根県生まれ。米国フラー神学校にてTh.M.、英国オックスフォード大学にてD.Phil.を取得。現在、関西学院大学神学部教授。

伊東寿泰（いとう・ひさやす）

1958年、大分県生まれ。米国・コロンビア聖書宣教大学院（現 The Graduate Division of Columbia International University）神学修士課程修了（M.Div.）、南アフリカ共和国・自由州立大学人文学部にてPh.D.（聖書・宗教学）取得。現在、立命館大学教授。

須藤伊知郎（すどう・いちろう）

1958年、福岡県生まれ。東京大学大学院人文科学研究科西洋古典学専門課程修士課程修了（文学修士）、ドイツ・エアランゲン-ニュルンベルク大学神学部卒業資格認定。現在、西南学院大学神学部教授、同神学部長。

辻　学（つじ・まなぶ）

1964年、兵庫県生まれ。関西学院大学大学院神学研究科博士課程前期課程修了（神学修士）、スイス・ベルン大学にてDr. theol.取得。現在、広島大学大学院人間社会科学研究科教授。西日本新約聖書学会会長。

中野　実（なかの・みのる）

1962年、長野県生まれ。東京神学大学大学院修士課程修了（神学修士）、米国プリンストン神学校にてTh.M.、クレアモント大学院大学にてPh.D.取得。現在、東京神学大学教授（新約聖書神学担当）。

廣石　望（ひろいし・のぞむ）

1961年、岡山県生まれ。東京大学大学院人文科学研究科西洋古典学専門課程修了（文学修士）、スイス・チューリヒ大学にてDr. theol.取得。現在、立教大学文学部教授。日本聖書学研究所所長。

ここが変わった！「聖書協会共同訳」新約編

2021年3月25日　初版発行
2021年5月25日　再版発行

著　者　浅野淳博　伊東寿泰　須藤伊知郎
辻　学　中野　実　廣石　望

発　行　日本キリスト教団出版局
〒169-0051　東京都新宿区西早稲田2-3-18
電話・営業03(3204)0422、編集03(3204)0424
https://bp-uccj.jp

印刷・製本　三秀舎

ISBN 978-4-8184-1078-7 C0016　日キ販
Printed in Japan